LA
MUERTE
DEL
AMOR

GABY PÉREZ ISLAS

LA MUERTE DEL AMOR

Tras el final viene un nuevo inicio

ƆIANA

ÍNDICE

Pero así no me basta: más allá
de la vida, quiero decírtelo
con la muerte; más allá del amor,
quiero decírtelo con el olvido.

LUIS CERNUDA

Dedico este libro al amor; esa fuerza creadora, inspiradora y generadora de vida. Celebro su existencia en todas sus manifestaciones. Como decían los mayas, el amor es lo único que trasciende de lo terrestre a lo celeste. Justamente ha sido el amor de los míos lo que me ha impulsado siempre a seguir adelante. Un amor profundo y verdadero. Gracias por poner los conocimientos de cada uno al servicio de la familia.

Luis, tu compañía hace toda la diferencia en mi vida.
Paulina, gracias por sumar tu risa a esta familia.
Lara, te adoro, aunque sé que tu amor no es desinteresado; ¡siempre quieres que te dé galletas!

Luis Alberto, historia que tú hiciste.
Eduardo, historia por hacer.
Bernardo, porque nadie resiste tus ganas de vencer.

¡Hala, familia!
Y *nada más, y nada más.*

LAS REALIDADES
DEL AMOR

El amor nunca muere de manera natural. Muere porque no sabemos cómo reponer su fuente. Muere de ceguera y errores y traiciones. Muere de enfermedad y heridas; muere de cansancio, de marchitaciones, de deslustres.

ANAÏS NIN

Todo en la vida son ciclos. Celebramos los comienzos, sufrimos los finales.

Obviamente, si nos dieran a escoger, preferiríamos los buenos momentos. El triunfo, el aplauso, la fiesta y la celebración. Pero de ellos aprenderíamos muy poco.

En cambio, del dolor, del adiós, de la sensación de sabernos perdidos y del desencanto extraemos mucho más crecimiento y aprendizaje. Duele, es cierto, pero también es inevitable.

La expectativa de que algunas cosas deberían durar para siempre agrega dolor al final de una relación. Queremos creerlo; nos lo venden Hollywood, las historias de princesas y la sociedad. «Juntos, hasta que la muerte nos separe», dicen las parejas enamoradas, sin saber, que, en efecto, será la muerte, pero la muerte del amor lo que probablemente las lleve a caminar sendas distintas.

Nada más vivo que el amor, por eso cambia todo el tiempo y por ello muere. Todos morimos de vida; por haber estado vivos, morimos. No todas las muertes tienen un cadáver. A veces llevas al muerto contigo y no te has dado cuenta hasta que apesta. Puedes reconocer que el amor ha fallecido y enterrarlo, o seguirlo cargando. Tú decides.

Los demás suelen notarlo antes que tú, porque hay tres cosas en la vida que no pueden ocultarse: la tos, el dinero y la felicidad. La tos porque se escucha, el dinero porque se refleja en tu estilo de vida y la felicidad porque vibra en tus palabras, actitudes y comportamientos. Nada te roba más la dicha que saberte solo, no amado ni enamorado, o el tener esta horrible sensación de no ser suficiente para que alguien te escoja o se quede contigo. Cuando no estás bien con tu pareja se te nota, no lo dudes.

En mi carrera como tanatóloga he escrito seis libros. En ellos he tratado diferentes tipos de muerte y duelo, pero me hacía falta uno. Un libro que abordara ese proceso complicado, incluso a veces más que la viudez, porque al menos en ella te queda el agridulce consuelo de que tu pareja no quería irse, se tuvo que ir. Pero ante la muerte del amor existe una decisión. Sabes que tu pareja quería dejarte o tú querías hacerlo y eso lo hace sumamente complejo.

Así que, en este libro, habrás de enfrentar una de las pérdidas más dolorosas y difíciles que hay: la muerte del amor. Ya sea por una parte de la pareja o por ambos, pero casi siempre es uno el que decide terminar y al otro no le queda más que aceptar la muerte. Esto aplica a todo tipo de parejas: noviazgos, aquellos que viven juntos, matrimonios —con hijos o no— los que llevan años de unión y los que acaban de empezar una relación. Lo siento, nadie está a salvo.

El amor no muere en abstracto, muere en mí o muere en ti.

Te compartiré casos reales que he atendido en mi consultorio, pero por respeto a su privacidad, he cambiado los nombres a las personas involucradas. Con su autorización contaré sus historias, ya que creo que, aunque nadie escarmienta en cabeza ajena, sí podemos aprender de las pérdidas de otros y, para mí, eso les da un sentido de ser en sí mismas.

Nos negamos al final del amor, aunque lo tengamos en frente, porque nos creímos esa promesa de eternidad de la que hablaba al comienzo. Y cuando llega ese momento, muchas veces nos falta el valor para tomar la decisión de terminar o hacer cambios estructurales y seguir adelante. La muerte del amor duele también porque arrastra con ella todas nuestras ilusiones y planes a futuro. Desprende de la pared esa foto que colgaste y con la que tanto te has identificado: la casita y la familia feliz.

Conlleva dolor en tres tiempos verbales. En pasado, por lo que se ha vivido: los recuerdos, las fotos, los videos, la familia y las relaciones. En presente, porque requiere la toma de muchas decisiones: templanza, valor para no quedarse en lo conocido o cotidiano. Es tan sencillo acostumbrarse y conformarse con una rutina, si bien no tan mala, pero que tampoco es buena ni mucho menos corresponde a lo que eran tus sueños. Y finalmente, en futuro: el fin de una relación duele por lo que ya no habrá por delante. Los viajes que no se harán, los hijos que no se tendrán, los aniversarios que no se cumplirán, los eventos importantes del uno y del otro a los que no se asistirán, las fechas significativas para ambos también se terminan. Todas ellas, promesas que no te hizo la vida, sino que te hiciste tú en tu gran negociación con la existencia.

¿Has escuchado alguna vez que el amor es gratis? Pues no lo es. Se paga con el dolor de la ausencia una vez que la persona muere, decide irse o deja de querernos. De que se va a pagar un precio, se va a pagar.

Si no estás listo para sacudirte algunas certezas de encima y liberarte de creencias limitantes, jamás tendrás relaciones sanas ni una vida plena o satisfactoria. Solamente te limitarás a repetir patrones e ideas preconcebidas por la sociedad y tu familia de origen.

Este libro no quiere acabar con tus esperanzas; quiere abrirte los ojos a las realidades del amor. No busco hablar acerca de lo que es el amor, solo quiero que entiendas que el amor también muere. Saber que el amor puede acabarse nos hará cuidarlo más. Ese conocimiento nos convierte en curadores de las relaciones que tenemos. Nos invita a estar atentos a las señales de que algo está empezando a fallar, alertar los sentidos para no solo conservar una relación, sino mejorarla. Ahora bien, si el amor en una pareja se ha terminado, tampoco es el fin del mundo, aunque así se sienta al principio.

Se vale que te dejen de querer, pero no se vale que te dejes de querer.

Por eso este texto está escrito por una tanatóloga, porque el amor se muere, pero a diferencia de la otra muerte —irreversible, definitiva y absoluta— el amor puede sembrarse de nuevo o reverdecer, podarse y madurar. El amor puede volverse más profundo después de un desengaño y, sobre todo, el amor puede virar de objetivo. A una tanatóloga le corresponde trabajar con finales y de eso estarán llenas estas páginas, para dar pie a nuevos comienzos que también habremos de atestiguar. Todo final, absolutamente todo, es en sí un comienzo.

Seguro has escuchado también la frase: «Y vivieron felices para siempre». Nada más falso; el «para siempre» no existe. Ese es uno de los grandes mitos acerca del amor. Por eso quiero presentarte las realidades que hay que conocer: el modelo de pareja en el que ambos se necesitan para sentirse completos es fallido. Hay que ser personas independientes, autosuficientes y maduras para tener algo bueno que ofrecer. La pareja no es un sinónimo de adopción; uno no tiene que hacerse cargo del otro. Tampoco debe necesitar reafirmaciones excesivas del acuerdo para tranquilizar una mente ansiosa e insegura. Eso enferma y acaba por matar las relaciones. Nadie está exento de que se le acabe el amor, se le enfermen las ganas de estar con su pareja o dejen de quererlo. Es parte del riesgo que hay que tomar cuando uno se enamora y puede parecer lo más cursi que hayas escuchado, pero si no estabas dispuesto a lidiar con las espinas, nunca debiste aceptar las rosas.

Por eso creo que en los cursos prematrimoniales deberían de preguntarte si estás dispuesto a considerar que tu amor puede morir un día. Si la respuesta es no, no te cases. La única manera de mantener vivo un amor es con la clara conciencia de que puede acabarse. Porque el matrimonio, o decidirte a vivir con alguien, no es la meta, es el inicio de la carrera.

Nadie se llevará tu capacidad de amar, esa la traes puesta. Cuando alguien se va, podrá llevarse su persona y con ella su presencia en tu vida, pero no lo que viviste a su lado. Eso ya es parte de ti y nadie puede quitártelo. Es parte de tu acervo de vida.

En ello radica la esperanza, en entender que el corazón puede sanar si se elabora bien el duelo por la muerte de un amor.

Si hoy estás leyendo este libro puede ser que hayas llegado a ese despertar, o bien, que estés luchando para que el final no llegue. En ambos casos, agradezco que me permitas compartirte mi experiencia. En mi consultorio he trabajado con muchísimas personas que han llegado tristes, sintiéndose rotas, sin esperanza, porque no saben cómo seguir sin él o sin ella, y se quedan sin rumbo por la vida. Sienten que se quedaron sin presente, sin pasado y sin futuro, y que ya no encuentran su lugar en el mundo sin su pareja.

Incluso puede ser que sigamos amando a alguien, pero que ya no lo queramos en nuestra vida por diferentes razones: por aquello a lo que se dedica, por las personas de las que se rodea, porque no es una buena influencia para tus hijos, porque no es fiel, te lastima de alguna forma, etcétera.

La muerte del amor es una realidad tan tangible y absoluta como su existencia. No es lo mismo el amor romántico, que depende de un enamoramiento con plazo fijo, que el amor de compromiso y entrega. Pero este último, en el que estarías dispuesto a cuidar a la persona si se enfermara o cuando envejezca, también puede morir.

Así que vamos juntos a descubrir cómo, cuándo y por qué sucede esto. ¿Por qué a nosotros?, ¿por qué ahora?, y ¿qué respuesta le damos a la vida? Yo siempre he preferido moverme en las respuestas más que en las preguntas, porque en ellas encuentro paz y certezas mientras que las preguntas son solo un punto de partida; me planteo las interrogantes y trato de responderlas.

Bienvenido, lector, y gracias por tu gran corazón, ese que a veces se rompe, pero que sin duda se ha usado y para eso te fue dado, para que se estrene, se comparta y se reparare las veces que sea necesario.

Escucha siempre el sonido de tu propio latir en lugar del silencio de la ausencia de alguien en tu vida.

Quiero musicalizar cada uno de estos capítulos, ponerles un *soundtrack* especial, y con ello posicionar tu ánimo lector en sintonía, para meterte de lleno en la realidad que enfrentas o que probablemente aún no vives, pero que existe y de la cual tienes que estar consciente y alerta. Busca la *playlist* escaneando el código QR que aquí aparece. Escanéalo y escúchala antes, después o durante la lectura de cada capítulo.

Muchas canciones que se venden como si fueran de amor, en realidad son de codependencia. De ahí que sean responsables de muchas noches de lágrimas y soledad. Algunas letras son hermosas para cantarse, pero terribles para vivirse. Seguro que caí en grandes omisiones en esta lista de reproducción, ya que el tema del amor es una fuente inagotable para la música. Te invito a que, después de escuchar la mía, hagas tu propia selección. Me encantará conocerla, al igual que leer tus comentarios. Házmelos llegar a mi Instagram @gabytanatologa.

Comenzamos, ponle *play*...

TU RELACIÓN: ¿VIVA, MUERTA O MORIBUNDA?

Al final del día no importa mucho
quién se va o quién se queda.
Lo importante es que no te
pierdas en las despedidas.

JUÁREZ IBARRA A.

No es fácil saber si una relación es un enfermo terminal o un paciente por el que podemos seguir luchando.

Hay películas con una trama muy sencilla en la que claramente sabes cuando es el principio, cuando es el nudo o conflicto, y cuando este se resuelve y llega el final. Hay otras con tramas infinitamente más complejas, que no son lineales y que cuando llegan a los créditos no puedes creer que ese haya sido el final. Te quedas atónito preguntándote: «¿De verdad ya se acabó?». Pues con las relaciones pasa lo mismo.

También sucede como la analogía de la rana hervida, que no se da cuenta de que se está cocinando porque le suben poco a poco la temperatura al agua donde se encuentra. Si hubiera llegado a una olla de agua hirviendo hubiera saltado enseguida, pero si se sumergió en un líquido templado y este fue calentándose tan paulatinamente que la rana no lo notó, no querrá huir hasta que sea demasiado tarde. Algunas relaciones van enfermándose poco a poco y encerrándonos en una jaula de malos tratos e inconformidad. Se siente horrible, porque es una situación muy triste de vivir.

Así como sabemos que alguien ha fallecido porque tenemos muestras claras de que esto ha ocurrido: ausencia de signos vitales, cese de la respiración, latidos o reflejos; debemos buscar señales evidentes de que la relación ha llegado a un punto de deterioro tal que no es sano continuar en ella. Por eso hablamos de muerte en el amor. No es tan sencillo, repito, porque hay muchos sentimientos involucrados y porque nuestro ego nos impide ver con claridad que no somos queridos, tratados con respeto, deseados o cuidados. Nuestro cerebro siempre querrá nuestro bien, aunque a veces los pensamientos quieran boicotearnos; por eso él nos protege de ver la realidad. Es difícil, entonces, determinar la hora exacta de la muerte.

Tampoco se tira un amor a la primera de cambio. Cuando algo ya no salió como querías o cuando se acabaron las flores y los detalles. Estar en pareja es una tarea que, si bien no tiene que vivirse como un sacrificio, sí requiere esfuerzo y voluntad para lograr el objetivo de disfrutar una vida juntos.

Te invito a que contestes el siguiente cuestionario para saber si vale la pena seguir luchando por tu relación o si es momento de dejarla ir. De entrada, piensa que si te lo estás preguntando ya hay duda, así que no todo anda bien. Date la oportunidad de explorar la situación; no tengas miedo. Tal vez no dudas y lo que tienes, en realidad, es una certeza disfrazada.

Decidas lo que decidas habrá consecuencias, siempre las hay, así que sopesa por escrito los pros y contras de tu decisión. No albergues la fantasía de la «no consecuencia». Al decidir estás tomando las riendas de tu vida, no va a pasar un milagro que arregle todo mágicamente. Está en ti porque es tu vida de la que estamos hablando.

Vale la pena seguir intentando si:

☐ 1. No puedes, ni quieres imaginar el resto de tu vida sin esa persona.

☐ 2. Estás aburrido, pero ese aburrimiento puede deberse a muchos motivos, incluso personales, y no solo a la relación de pareja.

☐ 3. Todavía conversan de cosas importantes: se ve la voluntad en ambos de arreglar los problemas cuando los hay.

☐ 4. No estás feliz, pero quién dice que es la combinación de esa persona contigo lo que te tiene infeliz. ¿Y si fuera un tema personal?, ¿con cualquier otra pareja llegarías a sentirte igual? Antes de tomar una decisión, échales un ojo a tus relaciones pasadas para ver si es la dinámica de llevar una relación o es tu pareja actual lo que te tira para abajo.

5. Se llevan bien cuando están juntos y cuando no lo están se extrañan. No porque tengas miedo a estar solo sino porque eliges a esa persona. No extrañas quién eres tú a su lado, sino realmente a la otra persona.

6. Ambos quieren seguir intentando. Una relación es de dos, tú solo no puedes ser la llanta trasera, la delantera, la carreta y el camino.

7. Los dos son capaces de reconocer sus errores o actos para haber llegado a este punto de la relación en el que necesitan hacer cambios.

8. Sientes que tu pareja te hace ser una mejor persona porque saca lo mejor de ti y no lo peor. Te motiva a lograr tus objetivos y sientes que de verdad quiere tu bien.

9. Has pensado en irte (casi todas las parejas coquetean con esta idea alguna vez), pero solamente un par de veces porque pasan también por muy buenas temporadas que te hacen olvidar la idea de dejarla.

10. Sientes flojera con respecto a la relación, pero esto puede deberse a que estás deprimido, has tenido una pérdida reciente o estás frustrado por tu vida profesional. La pareja no debe ser nuestra única fuente de autoestima, pero sí es un espejo de ella.

11. No has buscado ayuda profesional aún. Una buena terapia, tanto de pareja como individual, puede hacer una enorme diferencia en la dinámica de una relación.

El simple hecho de darte cuenta de que estás vaciando tus carencias en la relación puede moverte al cambio.

12. No hay agresión ni conductas violentas activa o pasivamente. Te recomiendo consultar el violentómetro creado por el Instituto Politécnico Nacional de México (puedes consultarlo en la página **222**), para que identifiques claramente lo que es violencia. No necesita haber golpes para estar en una relación violenta, con comentarios agresivos, sobrenombres, contacto físico no deseado: nalgadas, pellizcos, manazos, etc., ya se habla de violencia en la relación.

13. El motivo por el que pensaste en irte es porque alguien «te calentó la cabeza». Cualquiera puede darte consejos, buenos o malos, pero la decisión debe de ser tuya. Para los demás es muy fácil opinar porque no están dentro de la relación, pero solamente tú puedes saber qué pierdes si te vas y qué ganas si te quedas.

14. Estás decidido a hacer algo para mejorar la relación y no solo conservarla.

15. La admiración se conserva. Reconoces el mérito de tu pareja en muchas cosas y no la consideras una mala influencia para tus hijos (si los hay). Recuerda que todo hombre busca ser admirado por su pareja, mientras que toda mujer quiere ser reconocida.

No vale la pena seguir esforzándote si:

1. Te condicionan el amor. Solo si haces algo o dejas de hacerlo se quedará contigo. ¿Qué tiene que hacer un cachorrito para que lo quieras? Absolutamente nada, nada más ser él. Así deberá ser el amor en pareja: «Te amo por ser tú, sin estar esperando que renuncies a tu trabajo, tu familia o tus amigos. No necesitas hacer nada para ser querido».

2. Hay violencia verbal, física o financiera. No te dan dinero para tus cosas, a menos que esté de acuerdo con el gasto a efectuar, aunque el patrimonio sea de ambos. Te castiga limitándote los gastos. El abuso se da cuando uno toma el control de las finanzas para evitar que el otro lo abandone. Los hijos, testigos de cómo se maltratan los padres, acabarán maltratando o permitiendo que los maltraten, de una u otra forma, en sus relaciones futuras.

3. Ya no hay respeto: se gritan, se insultan, se mienten, se burlan el uno del otro.

4. Ya no puedes intentar nada porque descalifica todo lo que propones: «Yo no creo en la terapia», «Eso no sirve para nada», «No me gusta ir a cursos», «Para qué voy a escuchar un pódcast», «No me gusta leer», etcétera.

5. Tu pareja comete delitos o es amoral, no siente culpa por lo que hace y te arrastra a ti en sus malas decisiones.

6. No se puede hablar sobre la relación, se evaden todos los temas que pudieran llevar a una reconciliación o terminación de un conflicto: «¿Ya vas a empezar otra vez?», «Ahí vas con lo mismo», «Pareces disco rayado».

7. El otro no reconoce nada de su participación para que las cosas hayan llegado a este punto. Te culpa por todo.

8. Solo te quedas por costumbre, por miedo o porque el otro no se quiere ir.

9. Estás decidido a irte, pero no quieres tú ser «el malo» y estás esperando que el otro tome la decisión.

10. Ya intentaron muchas cosas y nada ha funcionado. Constantemente estás con la duda de irte o no.

11. Hay desprecio entre ustedes. Se remedan, se critican, hay ironía o crueldad.

12. Solo te quedas por los hijos. Recuerda que ellos padecen más en un hogar donde hay pleitos y padres infelices que pasando tiempo con ambas partes, viéndolos felices, en paz y con nuevos proyectos, aunque estén separados. Cuando los hijos crezcan, te reclamarán haberte quedado. Como dice el dicho: «Es mejor provenir de un hogar roto que vivir en él». Es recomendable un asesoramiento terapéutico para los niños y jóvenes cuando los padres se separan.

13. Son los hijos los que te piden que no se separen. Tienen miedo y quieren tener su

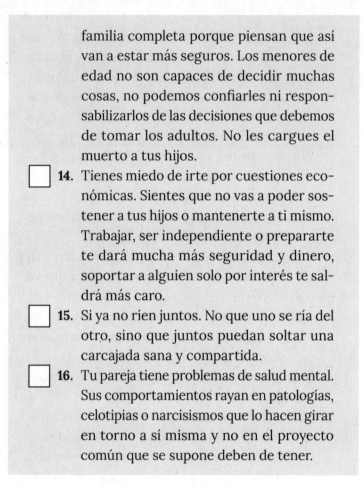

familia completa porque piensan que así van a estar más seguros. Los menores de edad no son capaces de decidir muchas cosas, no podemos confiarles ni responsabilizarlos de las decisiones que debemos de tomar los adultos. No les cargues el muerto a tus hijos.

14. Tienes miedo de irte por cuestiones económicas. Sientes que no vas a poder sostener a tus hijos o mantenerte a ti mismo. Trabajar, ser independiente o prepararte te dará mucha más seguridad y dinero, soportar a alguien solo por interés te saldrá más caro.

15. Si ya no ríen juntos. No que uno se ría del otro, sino que juntos puedan soltar una carcajada sana y compartida.

16. Tu pareja tiene problemas de salud mental. Sus comportamientos rayan en patologías, celotipias o narcisismos que lo hacen girar en torno a sí misma y no en el proyecto común que se supone deben de tener.

Palomear uno o dos puntos puede no darte un panorama muy claro, pero si te identificaste con varios de ellos, creo que ahora sí sabes hacia dónde hay que nadar. ¿En qué parte tuviste más palomitas? ¿En vale la pena luchar o en irte?

Analiza detalladamente cada inciso. Cada relación es distinta. Todas comienzan con un enamoramiento y de ahí cada quien le va dando forma.

No es mi intención hacer un boquete en la pared para que salgas huyendo de tu relación, solamente te estoy mostrando dónde está la puerta por si requieres de ella. Únicamente tú puedes saber si ha llegado ese momento. Repito, nada es el fin del mundo.

En cada uno de los capítulos encontrarás recomendaciones para ambos escenarios. Si estás dispuesto a recorrer caminos nuevos para que la relación marche, lee el apartado *¿Qué puedes hacer para salvar la relación?* Este inciso solo es para las parejas que buscan mejorar o salvar su relación.

Si, por el contrario, ya estás decidido a terminar o ya lo hicieron, lee el apartado *Recomendaciones para vivir tu duelo*, el cual te ayudará muchísimo a trabajar con el dolor de un final y a reagrupar ejércitos para un nuevo comienzo. Esto es para aquellos casos que estén frente a ese cadáver del que hablamos al principio. Aferrarse por conservar algo que ya no es para ti solo te dañará y te estancará en la legítima búsqueda de tu felicidad.

Tus decisiones tienen un precio y consecuencias, asúmelas.

Mi sugerencia es que leas el libro completo, recuerda que cada cierre puede ser en sí mismo la semilla de un inicio y conviene saber qué hacer para conservar y mejorar una relación cada día. Además, nadie vive un duelo puro, a una pérdida se suman y acumulan otras, estas recomendaciones también te servirán para esos otros procesos dolorosos que estés pasando.

¿Cómo saber si estás atorado en una etapa del duelo?

El duelo es una ruta para transitar, no para quedarte a vivir en ella. Si te has quedado atrapado en una etapa del duelo, puedes presentar alguno de estos síntomas:

1. Repentina pérdida o ganancia de peso
2. Adicción al alcohol o a las drogas
3. Rabia no resuelta
4. Inhabilidad para formar o comprometerte con una nueva relación
5. Perder tu propósito en la vida y la dirección en la que te mueves
6. Dejarte consumir por el dolor

Digamos que en este tipo de duelo la negación dura demasiado y tardas en darte cuenta de que tu pareja no es lo que quieres. La rabia suele ser muy intensa en el momento de la revelación; cuando ves las cosas como son y no queda lugar para dónde hacerse, así que la decepción hace las veces de la depresión reactiva. Se llega a la aceptación con mucha claridad de que vivir esa separación es algo necesario porque lo contrario sería conformarte con algo que te queda chico.

No todo el mundo da el paso hacia la separación. Muchas personas se dejan dominar por el miedo a quedarse solas, a no volver a encontrar pareja o a arrepentirse cuando sea demasiado tarde.

El duelo es complicado porque sentimos que tenemos que dar muchas explicaciones sobre la separación. Cuando la explosión ocurre, sorprende a todos porque ellos veían esa aparente calma y felicidad en pareja. Nadie lo anticipaba, pero tú no estás obligado a dar pormenores. Jamás el dolor de uno debe volverse el comentario o chisme de otro. No trates de darles gusto a todos; no lo conseguirás. Tú eres el protagonista de tu historia. Con que tú estés tranquilo basta.

La duración del duelo depende de muchos factores: el carácter del doliente, su resistencia, inercia, red de apoyo (quién está ahí para él) y humildad para pedir ayuda. La verdadera autoestima es «Yo lo puedo todo, pero no lo puedo solo». Darte cuenta de que lo que estás viviendo te rebasa y necesitas ayuda es asertividad pura.

La dificultad en este tipo de duelo es darte cuenta de que has vivido una vida satelital que giraba en torno a otra persona, a quien le pusiste atributos que no tenía y que elegiste ver así porque iban mejor con la fantasía que te habías vendido a ti mismo del príncipe azul o la princesa caramelo.

Necesitas retirar tus ejércitos de ese territorio, redirecciona tu energía hacia ti y sigue adelante un día a la vez. El duelo se parece mucho al trabajo de recuperación en una adicción: solo por hoy, «No lo busco, no lo *stalkeo*, no me arranco la costra de su ausencia» y, cuando te das cuenta, estás viviendo nuevamente con más paz que dolor en tu corazón.

Si hoy te reprochas haber sido la reina de las justificaciones o el rey de la negación, ya no veas para atrás. Te mentiste porque quisiste dejar pasar esos detalles que a la larga resultaron no ser tan pequeños. No sabías lo que vendría, sé compasivo contigo mismo.

La ruptura amorosa es un trance muy duro, pero hay otros momentos terribles en la vida, sin duda. Aunque hoy creas que acaba de pasarte lo peor del mundo, mañana verás las cosas de otra forma. Sabes que la vida se va a acabar algún día y por ello no querrás vivirla mal.

Dejar solo a alguien en la forma correcta
no es un rechazo, sino simplemente
definir los límites de la situación y
las necesidades de uno mismo.

DAVID COOPER

¿MUERE EL AMOR SI SE ACABA EL SEXO?

Porque ignoraba que
el deseo es una pregunta
cuya respuesta no existe.

Luis Cernuda

Sabemos que cuando empieza una relación surge esa gran emoción que dan los nuevos comienzos. Las mariposas revolotean en el estómago y da mucha felicidad pasar tiempo con esa persona especial. Lo que dice te parece brillante y le descubres cualidades increíbles (muchas se las atribuyes sin que las tenga realmente). Las miradas son largas como las conversaciones, el tiempo corto para estar juntos y se sienten motivados y fortalecidos para enfrentar todo en la vida. A eso se le llama enamoramiento.

Déjame presentártelo en palabras de Susan Forward, renombrada psicóloga estadounidense, que en su libro *Cuando el amor es odio* lo describe de la siguiente manera:

> Tú lo ves desde el otro lado de una habitación atestada de gente, sus miradas se encuentran y a ti te inunda ese estremecimiento. Cuando él se acerca a ti empiezan a sudarte las manos; el corazón se te acelera, parece que todo cobrará vida en tu cuerpo. Es el sueño de la felicidad, de la realización sexual, de la plenitud.

Este flechazo está lleno de feromonas y emoción, los comienzos o las primaveras son así: nuevos, frescos, sedientos. Uno de pronto siente interés en conocer a esa persona. Todo se vive como permanente, se promete como eterno y equivocadamente creemos que hemos llegado a un puerto seguro, donde ya nada puede pasarnos. Se nos olvida que los barcos están hechos para navegar, no para atracar.

Qué ternura pensar en un amor juvenil en el que no saben cómo acercarse y propiciar el primer beso. Cómo pasan de eso a una escena de dos espaldas enfrentadas en la misma cama.

Primero debemos asegurarnos con la cabeza fría si nos conviene enamorarnos de esa persona; recuerda que el amor al principio es ciego y luego, cuando ya existe un vínculo de pareja, te das cuenta de que no funciona. No debes caer en sentimentalismos ni falsas esperanzas de que todo va a salir bien. Si no sale, aprendamos a soltar pronto. Aquí debe reinar la lucidez y la claridad.

La verdad es que todos deberíamos de tomarnos más tiempo para elegir a la pareja. En eso hay que ser lentos y cuidadosos y, cuando ya estemos seguros de que no es la persona indicada, ahí sí, rápidos y decididos para terminar la relación.

Pregúntate si Romeo y Julieta se amaban o estaban enamorados. El verdadero amor te habilita para la vida, no te hace querer renunciar a ella si no cuentas con la presencia del otro. La idea del amor romántico eterno es un éxito en las películas y un fracaso en la vida real.

Al creer que has encontrado a la persona perfecta, te sientes sexualmente atraído hacia ella. Estás casi casi frente a un dios. Y es que en ese momento estás lleno de amor por el otro y, algunas veces, con muy poco amor hacia ti mismo. Ese amor debe ir evolucionando en un amor más aterrizado, en el que también veas por ti, notes lo que aportas a la relación y tu nivel de satisfacción en ella. Debemos amar con los ojos bien abiertos porque las feromonas y el deseo trastocan la realidad. Permíteme que te lo explique con un poco de poesía de la pluma de Alberto Ruy Sánchez, de su premiado libro *Los nombres del aire*:

> Estarás muy cerca del ave que persigues, casi la tendrás en la mano, pero no podrás reconocerla porque cuando llegues a ella habrá perdido los colores con los que la piensas.

Los años de convivencia son como el agua de un río que va desgastando las piedras sobre las que corre. No digo que tenga que ser así en todos los casos, algunas parejas deciden trabajar en la continua construcción de su relación, revisan con frecuencia si el otro sigue riendo como antes, si conversan tanto como al principio y si la pasión sigue viva o se va volviendo rutina.

Si no existe la constante revisión de un amor se puede llegar a dar todo por sentado. Se asumen «certezas» y los años se van mientras ellos se sienten muy seguros, sentados en un sillón frente a la televisión, en lugar de hacerlo en una pista de baile. El amor se va opacando. Se deja de querer. El amor sigue, tal vez, pero el querer se acaba. Alguno de los dos hizo algo mal para llegar a esto o, simplemente, no lo supieron cuidar.

Si el fuego no se alimenta, se extingue. El sexo es fuego. De igual forma, en otros casos, aunque todo suene de maravilla y ambas personas se gusten, la chispa no prende. Puede ser un gran partido, pero como decía Blaise Pascal: «El corazón tiene razones que la razón no entiende». Amar debería ser una decisión que te lleva a fijarte en lo que sí hay dentro de la relación, no solo en lo que le falta. Si tu mirada está puesta en las carencias, cada vez faltarán más cosas. Mientras haya buen sexo (para ello toma en cuenta cantidad, calidad y frecuencia de los encuentros), los pequeños desacuerdos se suelen pasar por alto, en cuanto no lo hay, la más mínima cosa se torna a tema de conflicto. Sigmund Freud decía que la energía sexual que no se actúa en la alcoba, se expresa por medio de pleitos, y Cristóbal Jodorowsky, psicochamán francomexicano, aseguraba que una persona reprimida sexualmente se convierte en una máquina de matar.

Te platico el caso de Flor y Miguel, un matrimonio de 25 años que estaba viviendo unas bodas de plata... bastante oxidadas. Ellos se conocieron, como muchas otras parejas, por un amigo en común. Los dos buscaron enseguida las coincidencias, las cosas que compartían: sus gustos, aficiones y valores. Había una gran energía sexual entre ellos. Pensaron que ese era el camino para empatar con alguien cuando, en realidad, lo que mantiene unida a una pareja es la aceptación de lo no compartido. Tu unicidad y la mía, la promesa implícita del respeto por tu ser. No trataré de cambiarte para que seas lo que yo soy o lo que me gusta, ni permitiré que tú me transformes en lo que no soy ni quiero ser. Habremos de estar juntos, viviendo voluntariamente vidas paralelas, sin estar atados, igualados o empaquetados en una misma presentación. Al unirnos, ni tú pierdes tu apellido ni yo el mío, ni tú renuncias a tu libertad ni yo a la mía, sino que ambos nos conectamos mediante la característica intrínseca del amor: la libertad. Sin ella, la pareja se vuelve un cautiverio. Concepto nunca mejor expresado que en esta leyenda india:

> Una pareja muy enamorada fue a visitar a un sabio para que les hiciera un conjuro y así nunca *fueran a separarse*. El sabio les pidió que cada uno fuera en busca de un águila fuerte y sana, y la trajera para poder llevar a cabo lo que le pedían. Les costó trabajo, pero ambos se presentaron con aves majestuosas que volaban alto y eran eficaces cazadoras. El sabio les preguntó si las habían visto volar, a lo que contestaron que sí. Procedió a atar la pata derecha de una de las aves con la pata izquierda de la otra y se alejó para que pudieran volar. Ellas aleteaban, se esforzaban, gañían, pero no conseguían levantarse ni un centímetro del suelo.

*Es mejor volar libremente,
en vuelos paralelos, que
atarse e intentar hacer de
dos un mismo y único vuelo.*

Supongamos, por ejemplo, que una persona le va a determinado equipo de futbol y su pareja a otro. Al unirse, sería absurdo que uno le exigiera a la persona que ama renunciar a su equipo y tirar a la basura la playera con el escudo que siempre ha usado. ¿Cómo se confronta su amor al apoyar a equipos diferentes? Pueden respetar sus distintos gustos, no atacarse y entender que lo importante es que ambos comparten la pasión por el mismo deporte. Compartir un valor, una pasión o una afición no significa manifestarlo de la misma manera.

Volvamos al caso de Flor. Ella era una mujer romántica que tendía siempre a ver lo que iba bien y no prestaba mucha atención a lo que se podía entender como una bandera roja, una advertencia de peligro. Es un reto trabajar con alguien así en terapia, alguien que no quiere ver lo que no está lista para ver. A todo le encontraba el lado positivo y minimizaba los conflictos, rechazaba toda pregunta que pudiera llevarla a profundizar en su realidad.

El sexo entre Flor y Miguel era increíble. Las cosas funcionaron, se casaron y vivieron unos primeros años de muy feliz matrimonio. Su felicidad fue verdadera, lo fue por muchos años, pero de pronto las cosas dejaron de ser así. El trabajo de la casa resultaba siempre ser lo primero y la intimidad y el erotismo pasaban a un segundo plano, lo que no solía ser igualmente aceptado por ambas partes. Aquí el primer síntoma que ella decidió ignorar: él empezó a perder el interés por el sexo. Se acabó el romance y la aventura; dejaron de dormir abrazados.

La alerta estaba ahí, silenciosa como la humedad o el colesterol, actuando constantemente y sin tregua. Avanzaba día a día en esa relación. Ella llegó a mi consultorio devastada porque sentía que su matrimonio estaba acabado después de un año sin tener relaciones sexuales. Para ella el sexo era conexión y para él se había vuelto un acto de desfogue ocasional. Era importante hacerles ver que la vida sexual no satisfactoria no era la enfermedad, sino el síntoma de algo mucho más grande que estaba empezando a separarlos. El buen sexo va mucho más allá de un desahogo del cuerpo. Para algunos puede ser solo eso, el acto físico. Pero para otros *hacer el amor* tiene ese sentido de conexión y trascendencia, y que suele ser lo primero que se pierde en la pareja. Primero es la novedad, el deseo, las hormonas y las ganas de fundirse con el otro. Hay quien da su cuerpo esperando recibir algo más a cambio: ternura, intimidad o compañía. Otros se entregan en busca de placer, identidad, gozo y equilibrio. Imagina la divergencia cuando alguien como Flor quiere hacer un poema de cada encuentro y alguien como Miguel que solo busca replicar escenas vistas en películas xxx.

Cuando una de las dos partes empieza a sentirse *cosificada* en la pareja, comienzan los problemas. Cosificar es tratar, observar o considerar a un ser humano como una cosa: un objeto con un fin; en este caso, un objeto de placer. Y no solo les pasa a las mujeres, muchos hombres me refieren haberse sentido usados como sementales cuando su pareja había decidido quedar embarazada y comenzaban tratamientos para lograrlo. Así, el sexo va perdiendo su magia.

Todo lo que sea consentido y consensuado en pareja es permitido, pero si uno empieza a usar al otro para sentir placer, como objeto de deseo, como pertenencia, o bien, reclama el estar juntos como obligación y quizá hasta lleva la cuenta detallada de cuándo han tenido relaciones o cuánto tiempo llevan sin hacerlo, ahí ya están en serios problemas.

El sexo debería de ser un lugar que quieras visitar, no una obligación que hay que cumplir. Si lo haces porque ya llevas mucho tiempo sin hacerlo, porque te van a poner el cuerno si no «cumples» o porque lo piensas como un pendiente, estás mal.

Trabajé con ella el motivo de las discusiones con Miguel y le pedí lo siguiente:

No reclames cuánto tiempo ha pasado sin que tengan sexo, piensa, mejor, ¿por qué no quiere hacerlo? Si se supone que es algo placentero para ambos, ¿por qué alguien querría dejar de sentir placer voluntariamente? ¿Acaso será que no lo disfruta igual que tú?, ¿será que estos encuentros no son lo que espera? En lugar de reclamar, puedes mostrar empatía y preguntar cómo se siente y qué desea.

Cuando una pareja deja de tener relaciones sexuales algo se rompe, tal vez eso no es lo único que hace que haya intimidad en un vínculo de pareja, pero sí es muy importante. El sexo produce oxitocina, la hormona de la vinculación, que genera una sensación de intimidad y pertenencia entre personas. Vincularse es crear una conexión con otro ser, una pareja que no se toca, que no se acaricia, no está conectada ni cercana.

A menos que se tenga un amor muy bien consolidado, hayan llegado a un acuerdo o exista un padecimiento en alguno de los dos que impida la actividad sexual, la falta de sexo es el principio del fin. Entre más tiempo pase un hombre sin sexo, más irritable estará, y entre más tiempo pase una mujer sin ello, menos lo necesitará. Se alejan y empiezan a recorrer caminos diferentes.

Más que un reclamo o una amenaza: «Me busco otro», tenemos que reflexionar, ¿por qué está pasando esto? Tal vez las mujeres castigan a los hombres no teniendo sexo porque en otras áreas de su vida ellos les han fallado. En una pareja el sexo se vuelve un tema de poder y control o una especie de recompensa o castigo. En cualquier caso, no está bien. Hacer el amor debería de ser justo eso, amarse, no cobrarse. Unirse y elegirse no solo una vez frente al altar, sino muchas veces en la vida.

En las sesiones subsecuentes de consejería con Flor, detectamos en ella también una falta de libido. Para comenzar a abordar este tema, le expliqué que, una vez empezada la premenopausia, el cuerpo de una mujer cambia mucho. Eso podía ser la causa de su aparente desgano sexual.

Recordemos que las mujeres tenemos ciclos hormonales, premenopausia y menopausia. Nuestros ovarios dejan de producir hormonas, lo que hace que el deseo sexual disminuya. Solo puedes mantenerlo vivo con voluntad, con el deseo mental de «querer-querer» o por un verdadero amor, en el que buscas el estado mental adecuado para amar al otro como lo necesita.

No es fácil y mucho menos romántico tener que usar lubricantes, geles y demás aditamentos para suplir lo que la naturaleza ya no da, pero lo haces porque te interesa la relación, la unión. Porque ambas personas quieren conservar ese vínculo y seguir disfrutándolo. El sexo no debe doler ni física ni emocionalmente.

Flor y Miguel terminaron separándose. En mi opinión, no fue la falta de relaciones sexuales lo que terminó con su relación, pero sí lo que destapó que tenían otros problemas serios como la falta de un proyecto común. Y así se lo expliqué:

> Una pareja con una buena relación sexual es como un árbol que crece a la orilla de un acantilado y aguanta fuertes vientos, quien no la tiene se convierte en un arbolito de invernadero que al primer chiflón se tumba. No basta una buena relación sexual entre dos para convertirse en una *buena pareja. Esos son los amantes. La pareja es otra cosa. Mucho más.*

Pornografía

Aquí otro síntoma que mostraba que la relación de Flor y Miguel iba en picada: él comenzó a desarrollar adicción a la pornografía. Comenzó a satisfacerse solo más veces de lo que lo hacía en pareja. De manera inconsciente, queremos recrear esa reacción que vimos, en la actriz de la película porno, en nuestra pareja, pero resulta que nuestra compañera o nuestro compañero no es *pornstar*, trabajó todo el día fuera o quizá en casa, sin goce de sueldo, y encima queremos que haga malabares y gemidos. La vida sexual de una pareja, en convivencia cotidiana, no se asemeja a una película porno, y no por ello estoy diciendo que sea aburrida o monótona. Simple y sencillamente ese material audiovisual nos lleva a convertir en un objeto de placer a nuestro compañero, a reconocerlo como una máquina de generar o sentir placer, y dejamos a un lado la conexión emocional, que es tan importante.

Se puede tener sexo y hacer el amor, pero cuando alguno de los dos cae en una adicción al porno, desarrolla un patrón de uso-abuso-dependencia y su vida empieza a girar en torno a ello. Alguna vez pueden ver algún video o revista en pareja para inspirarse y poner el tono ardiente de la noche. Pueden incluir juego y diversión si es un deseo compartido, pero cuando uno de los miembros únicamente obtiene placer por su cuenta, se aísla, elige poner su energía y sus manos en algo más que no es su pareja real, la conexión se pierde y, en muchas ocasiones, también se quebranta el respeto.

Entre a más temprana edad sea un cerebro expuesto a la pornografía, más adicción y daño puede causar. Sabemos que lo que pasa en una película de acción o terror es ficción, ¿por qué nos cuesta tanto trabajo creer que lo que sucede en una película erótica también lo es?

Algunas parejas comienzan su relación gracias a una gran atracción sexual. La sexualidad también es amor. Implica descubrir juntos lo que les da placer y vivirlo como algo bonito. Pero si tu sexualidad con una pareja no puede ser limpia y con respeto, no puede vivirse como algo natural, está desvirtuada. Se vuelve un instinto, un impulso, un deseo.

La sexualidad sana abarca tres aspectos:

1. Biológico. Todos nuestros actos son sexuales, lo sexuado es lo que te marca como un hombre o una mujer. Los hombres tienen erecciones y las mujeres, lubricación vaginal.
2. Afectivo. En la medida en que yo me conozca, me acepte y me quiera, los demás me aceptarán.
3. Social. Aquí entran aspectos como la templanza, el pudor y la castidad, valores muy influenciados por rasgos culturales.

Si reducimos un encuentro sexual a solo una de estas tres partes, estamos dejando a un lado nuestra dignidad intrínseca.

Alguien que te quiere bien no te ofrece migajas, comparte el pan contigo.

ANTES DE CONTINUAR

Si realmente consideras que estás en una relación que puede ser salvada con trabajo, dedicación y el compromiso de ambos, pasa a la siguiente página.

Por el contrario, si estás viviendo una separación o tienes la seguridad de que debes terminar una relación (para tener certeza te recomiendo resolver el ejercicio de la página **23**), por favor, continúa tu lectura en la página **48**.

¿Qué puedes hacer para salvar la relación?

Para conservar la relación, hay que luchar por ella. No la contemples como si fuera un enfermo terminal. Detén esa caída o al menos intenta frenarla.

Esto solo puede lograrse si la persona se deja amar, si es literalmente *amable*. Porque si no coopera no hay manera de que una sola parte de esa fracción se convierta en el entero. Pregúntate por qué has perdido interés en el sexo con tu pareja. Sé muy honesto: ¿ya no te atrae?, ¿hay alguien más?, ¿es por su comportamiento?, ¿no tienes tiempo?, ¿inviertes tu energía en otra cosa?

Baja tus ideas de la mente al papel. Recuerda que el cerebro no tiene renglones y ahí todo es más confuso que cuando lo plasmas por escrito.

¿Hay marcha atrás?, ¿qué estarías dispuesto a hacer para revertir esta situación?, ¿te interesa hacerlo? Todo esfuerzo requiere de energía; necesitas ubicar dónde está puesta la tuya para luego no andar con arrepentimientos. De lo que te arrepientes hoy, podría ser el catalizador para cambiar tu mañana.

Dejen de posponer ese tema de conversación. Si no están teniendo sexo al menos tienen que hablar del porqué. Escúchense con atención y no asuman nada. Lleguen a acuerdos, encuéntrense a la mitad del camino de las necesidades de cada uno. No es que estés bien o mal, es cuestión de darte cuenta si este pingüino cabe en tu iceberg o no. Propónganse hacer citas de pareja; no únicamente salidas con amigos y familia. Salgan ustedes solos en plan de romance, cuando menos una vez al mes. Prohibido hablar de los hijos en esa única ocasión, ustedes son el tema. Intenten coquetearse y seducirse. Arréglense esmeradamente como si fueran a salir con sus amigos. Una vez me dijo un usuario en consulta que cuando su mujer salía con él solo agarraba su bolsa y se iban, pero cuando salía con sus amigas se bañaba y arreglaba minuciosamente. Él esperaba ese mismo esmero para las citas que deseaba tener con ella. Prepárense psicológica y emocionalmente para una noche de conquista. Gánense hacer el amor esa noche como merecen; sin prisas ni interrupciones, y si eso implica no llegar a dormir a casa, dejen todo bien planeado y organizado, el mundo no colapsará por 12 horas sin ustedes.

Te invito a producir una noche de película con tu pareja. Usen disfraces, pongan música e iluminación diferente (lo cual se puede lograr fácilmente con una tela de color sobre una lámpara, ¡por un tiempo corto! No queremos un incendio que opaque las llamas de su pasión). Jueguen bien sus roles y dejen aflorar sus fantasías. Están con la persona que aman, están seguros, cuidados y contenidos. Entréguense a la conexión más allá del cuerpo, con la tranquilidad que brinda el ser exclusivos, así tu salud y dignidad no corren peligro. Es muy importante para hombres y mujeres saberse seguros y cuidados por su pareja, y no expuestos a infecciones y enfermedades.

La infidelidad puede poner en juego su salud. Algunas parejas llegan al acuerdo de no tener relaciones sexuales, deciden cerrar ese capítulo de su relación y quedarse con la afectividad y el cariño. Lo que decidan entre los dos y queden satisfechos es totalmente válido.

Recomendaciones para vivir tu duelo

Aunque seas tú quien tome la decisión de separarte sabiendo que el amor se ha acabado, eso no significa que no haya mucho dolor. Llorar es desahogo, pero no solución. Tendrás que lidiar con dos enemigos voraces: la culpa de lo que hiciste para que este sentimiento se fuera acabando y el arrepentimiento por todo aquello que no hiciste para salvarlo. Ambos, tanto el *hubiera* como el *debí de* son recursos de la mente para no quedarte solo con el dolor de la ausencia. Finalmente, enfrentar esos enemigos te provocará enojo y este es energético. Si no lidias con esas culpas, lo único que te quedará es una profunda tristeza lánguida e inactiva. En tanatología, jamás hablamos de resignación, pero sí de reasignación:

- ¿Dónde vas a poner este dolor para que te motive y no te frene?
- ¿Qué harás con los aprendizajes obtenidos?
- ¿Qué pequeña cosa puedes hacer diferente mañana?

El *hubiera* no existe, pero tienes un *hoy* y un *mañana* por delante. No te frenes en tu búsqueda de la felicidad.

Deja de decir que tu expareja acabó la relación con sus reclamos o de pensar que tú hiciste lo mismo con ella o él. Pregúntate mejor si eres capaz de hacer esto mismo 30 años más.

Sé honesto contigo y date cuenta de si quieres vivir una vida sin que te molesten o quieres mucha más emoción que eso.

Toma de estas recomendaciones las que resuenen en ti y recuerda que cada pareja es distinta y lo que funciona en una, no necesariamente le sirve a otra.

Enamorarse es relativamente sencillo. Se da, pero volver a enamorarse de alguien requiere voluntad y trabajo. En español, enamorarse es una sola palabra, pero en inglés claramente se expresa con mayor complejidad e implicando una caída, una renuncia al ego: *to fall in love*.

Si vives este duelo, te recomiendo hacer una larga carta al amor que se terminó. Pide perdón por las cosas que tú consideres que pudiste hacer mejor, estas son tus nuevas áreas de oportunidad. Reconócete los aciertos y habla de tus sentimientos. Tu dolor necesita ser expresado y visto. Saca todo tu dolor.

Permítete relatar todas esas heridas emocionales: si alguna vez te dijo que «ya no le servías como mujer», que olías mal o que simplemente ya no le atraías. Si te hizo sentir viejo o acabado, si te confesó que le llamaban la atención otras personas y eso partió en dos tu alma. Mientras más profundo escarbes en lo que a nadie le has confesado, sanarás mejor. Recuerda que alguien más puede curarte desde fuera, pero solo tú sanas desde dentro, capa por capa.

Evalúa si vale la pena entregar esa carta, es un documento muy íntimo que ayuda a tu propio proceso. Tal vez con escribirla ya es suficiente y te sientas mejor destruyéndola después. Léela en voz alta frente a una fotografía de ambos y después rómpela. No conserves ni acumules, necesitas espacio y manos abiertas para recibir lo que la vida tiene aún para darte.

Probablemente la negación es la etapa en la que más nos estacionamos en este tipo de duelo; cuesta mucho trabajo terminar una relación cuando hay cariño. No quieres lastimar al otro y, buscando no hacerlo, a la larga lo lastimas más.

Quiérete, valórate antes de buscar a alguien más que lo haga. Es imposible pedirle a alguien que te quiera cuando tú mismo no te quieres. Aprende a esperar a la persona correcta... si llega; si no, sé la persona correcta para ti mismo. No te precipites.

TRAICIÓN
O INFIDELIDAD

El incidente que precipita ese momento
puede ser un suceso importante,
pero por lo común no es más que el último
de una serie de actos similares.

Susan Forward

Estar en pareja no significa forzosamente *ser* pareja.
Podemos adaptarnos a una situación, pero eso es muy
diferente a estar cómodo con ella. Las inconformida-
des si no se hablan, se actúan. Empezamos a buscar
fuera lo que no encontramos dentro y estando en casa
nos disfrazamos para que el otro nos quiera. Sentimos
que si mostramos nuestra verdadera piel se acabará
el encanto, incluso la relación, y se tambaleará el proyecto de vida conjunta. Por eso cedemos a ir a comer
donde el otro quiere, vemos la película que ella escoge

o vacacionamos donde los hijos quieren ir. Los deseos se van quedando callados y vivimos duelos silentes por su no realización.

Te vuelves diplomático, no quieres pelear y cedes. Pero un día te das cuenta de que las cosas están estancadas y necesitas hacer algunos cambios. Esto asusta, y mucho, pero si no haces modificaciones, nada cambia.

De pronto te topas con alguien que viene a refrescar tu mirada de las cosas. Te ilusiona, quieres conquistarlo, incluso solo saber si serás capaz aún de ello. Tal vez las cosas comienzan como un simple coqueteo fugaz, es un juego muy peligroso que puede desembocar en una infidelidad. Le das vuelta a la idea, como si se tratara de una travesura y luego llegas con flores y detalles a casa para tratar de tapar la culpabilidad que sientes por siquiera haber contemplado la idea de hacerlo. La infidelidad es una decisión, no una consecuencia.

Entre las ideas actuales sobre la infidelidad, algunas personas consideran que quien te es infiel no necesariamente ha dejado de quererte. Estoy de acuerdo, pero tampoco hace nada para evitarte un sufrimiento. Me pregunto yo si alguien que conscientemente puede evitarte algún dolor y no lo hace merece decir que te ama.

Aunque quizá no eres «víctima», sino «verdugo». Alguien más te vio a ti, no al rol que juegas todos los días, no a tu rutina, no a tu papel en casa. Y eso despertó en ti las ganas y las ansias, cometes el terrible error de no ser honesto y traicionar a la persona que te ha compartido su vida, su intimidad y sus amaneceres. Con alguien nuevo haces cosas que no te atreves a hacer con tu pareja y no sabes por qué (yo tampoco lo sé, pero es lo que suele pasar). Coqueteas, te debates entre hacerlo y no, y cuando finalmente llevas a cabo lo que desde un principio deseabas hacer, comienzan las mentiras.

La infidelidad parte el corazón porque abriste para otra persona eso que era solo de ustedes. Le das a otro lo que compartías con tu pareja: paseos, comidas, apodos cariñosos e, incluso, hijos. Es relativamente sencillo no compartir la cama con alguien que no te ama ni desea, pero muy difícil ya no hacerlo con alguien que asegura seguirte amando, tú lo amas, pero sabes que existe un tercero.

Cada quien tendrá sus razones para ser infiel. Algunos dicen sentirse solos, porque estar en pareja también puede llevarte a vivir en soledad. «Yo nunca iba sola a ningún lado, hasta que me casé», dice Barbra Streisand en la película *El príncipe de las mareas*.

Te atreves a hacerlo y te sientes libre para mostrar una faceta de ti que no muestras en casa. Sinceramente, creo que el infiel llega a despreciarse a sí mismo. Llega un momento en el que se pregunta si pudo haber hecho las cosas de otra manera. Esforzarse más, buscar caminos antes de engañar y, sobre todo, no haber roto la relación familiar por los hijos.

El matrimonio es una cosa y la pareja otra. Cuando viene una traición, el amor ha recibido un golpe, en muchos casos, mortal. ¡Qué ganas de que existiera un control remoto con el cual ponerle pausa a lo que está pasando y, mejor aún, poder retroceder para volver a esos días de antaño!

Probablemente tras la infidelidad se esconda una neurótica necesidad de probar algo. Lo confieses o no, se descubra o no, tal vez subyace en ti el deseo secreto de que se acabe todo, o de que al menos al otro le haya importado tu infidelidad, porque el ser humano prefiere el enojo que la indiferencia.

Si te han sido infiel y quieres serlo tú también para vengarte, prepárate para un posible plato frío y desabrido. No se hacen locuras por amor, se hacen por despecho. Sientes que tú lo has dado todo por esa familia y así te pagan.

Tal vez el miedo, una razón equivocada para hacer algo a menos que tu vida corra peligro, haga que queramos seguir en esa relación, que busquemos perdonar. Pero para que esto realmente suceda las dos partes involucradas deben querer reparar el vínculo. Luchar con actos concretos para reparar la relación, pedir perdón y no volver a hacerlo. Repito, esto puede suceder, pero en la mayoría de los casos el amor es una porcelana muy fina que, cuando se ha roto, aunque se repare no volverá a ser la misma jamás. Se verán las uniones, se notará el pegamento, perderá su valor original. Y es que solo una vez podemos tener esa confianza básica que nos hace creer al otro incapaz de engañarnos. Por eso duele tanto: porque te lo hizo creer o quisiste creerlo, y esa creencia que alguna vez los unió, terminó por separarlos.

Te platico un caso que atendí hace años y que recuerdo bien porque la alegría de María era una cualidad nata en ella. A pesar del dolor, recuperó esa sonrisa tan hermosa y franca que tenía.

Rubén y María se conocieron en una obra de teatro. Ambos actuaban con una compañía que viajaba por muchas ciudades presentando, en su mayoría, comedias románticas. En una ocasión les tocó ser pareja en escena y poco después quisieron interpretar esos papeles en la vida real. Después de un noviazgo de dos años, decidieron unir sus vidas para siempre, en legítimo matrimonio civil. Se reunieron un lunes en el Registro Civil, con testigos y todo, para llevar a cabo ese contrato de amor. Ambos dijeron sus votos, derramaban miel. Prometieron ser honestos, no soltarse de las manos, como novios eternos. Lo decían de verdad, en ese momento lo creían a pie juntillas, pero tres años después llegó a la compañía de teatro una joven hermosa, alegre, libre, simpática, y se fijó en Rubén. Él también se fijó en ella y ahí comenzó todo. Encontrarlos juntos en un camerino fue, para María, una estocada al corazón. No había que pedir explicaciones, no había nada que decir o justificar. Uno siempre hace lo que quiere, aunque haya quienes sostengan que las circunstancias los llevaron a eso. No hay borracho que coma lumbre ni infiel que haya tenido una pistola apuntándole en la cabeza para hacerlo. El golpe es duro porque nunca creíste a tu pareja capaz de algo así.

Esas difíciles pruebas que la vida les pone a tu amor y a tus valores pueden ser salvadas de la misma manera en que uno evita caer en tentación y tirar por la borda todo el esfuerzo que has puesto en algo. Pensemos en una dieta. Respiras, te acuerdas de por qué te pusiste a dieta en un principio, recuerdas cuánto tiempo llevas con ella y cuánto te ha costado cumplirla. Piensas cómo te sentirás al día siguiente: lleno de cruda moral y arrepentimiento. Evalúas si las consecuencias valen los cinco minutos de placer que te dará ese dulce en la boca. Se puede evitar, si quieres. No por fuerza de voluntad, sino por respeto a ti mismo y a tus valores. A tu palabra.

El desencanto por la persona que amas debido a sus acciones es muy duro. Algo que admirabas se estrelló en el piso, un Lladró hecho añicos. Se tambalea tu sentido de pertenencia, de equipo, toda tu seguridad.

Ni el miedo, ni la culpa ni los hijos son razones correctas para seguir con una pareja que ya no llena tus requerimientos afectivos. Lo importante es tener un proyecto común sólido que pese más que el disfrute de unos momentos. Un amor verdadero que te duela intercambiar por espejitos. Porque siempre habrá alguien más guapo, más fuerte, más hermoso, más exitoso, más ajeno, pero no tan fácilmente encontrarás a alguien que te cuide cuando enfermes, que te ayude a administrar el dinero que tanto trabajo te ha costado ganar, que te haya conocido desde abajo en tu carrera profesional y que haya construido junto a ti lo que ahora tienen. Alguien que quiera a tu familia, que sepa tu historia, que te haya acompañado a enterrar a tus muertos. Todo eso no se patea por un nuevo perfume.

Si vas a dejar a alguien, que sea por la puerta grande, no por la puerta trasera. Debes estar seguro de haber agotado todos los recursos antes de decir adiós, reconociendo lo que aprendiste y sabiendo que juntos ya no pueden crecer más.

Divorciarse es tirar abajo algo que has construido porque piensas edificar en ese terreno algo mejor, distinto o nuevo para ti. Nadie derrumba una casa para quedarse con un lote baldío. El divorcio no es una solución, es un camino en busca de la solución.

Cuando una pareja ha estado junta por varios años seguramente podrá decir que se han hecho mucho mal, pero también mucho bien, el tiempo da espacio para todo. Poner en una balanza las cosas te ayuda a tomar decisiones; la calentura, no. Lo que te llama la atención de una persona al principio puede ser lo que no soportarás después. «Me encanta que seas tan intensa», «Me fascina que seas atrevido». Busca cualidades a largo plazo compatibles con la visión de pareja que tienes.

La traición es tratar de evitar la experiencia de sufrimiento con mentiras. Al final, lo único que consigues es aumentar ese sufrimiento. Si sientes que tus conexiones con la persona con la que vives tienen un cortocircuito, un falso, por favor, atiende esa situación. Ten una conversación, profunda y difícil, pero honesta. Di que no eres feliz, pero no quieras tener lo mejor de dos mundos: un casado soltero o una casada con doble vida. Lo que se cimienta sobre la infelicidad de otro no acaba bien.

El duelo por terminar una relación que ya no funciona es el amor que no sabe a dónde ir. Debemos dirigirlo hacia nosotros mismos y no hacia otra persona que parece venir a ofrecernos la esmeralda de la juventud perdida. Piensas que tal vez esa expareja que reencontraste en Facebook es tu manera de volver a sentirte en la preparatoria. El primer amor nunca se olvida, por eso se idealiza y nos cuesta recordar que por algo no funcionó. Podría funcionar ahora, si la ocasión es correcta y las circunstancias son propicias, pero no te esmeres en buscarlo en una noche de enojo con tu pareja o cuando llevas una temporada de desencanto en tu relación. Haz las cosas bien. Es tu vida y tú pagarás las consecuencias de las decisiones que tomes.

La idea de que la infidelidad es algo del género masculino hace mucho que quedó atrás; hombres y mujeres son infieles. Ambos son capaces tanto de las peores cosas como de las mejores, como traicionarse y después practicar el perdón y encontrar el amor verdadero.

La infidelidad puede llegar a ser una poda para una relación, pero hay que vencer al ego para ello y esa no es tarea fácil.

ANTES DE CONTINUAR

Si realmente consideras que estás en una relación que puede ser salvada con trabajo, dedicación y el compromiso de ambos, pasa a la siguiente página.

Por el contrario, si estás viviendo una separación o tienes la seguridad de que debes terminar una relación, por favor, continúa tu lectura en la página **62**.

¿Qué puedes hacer para salvar la relación?

Si tu pareja fue infiel, antes de juzgar, revisa tu nivel de satisfacción en la relación. De ninguna manera digo que hayas sido corresponsable de ese engaño. Ya dejé bien claro que la infidelidad es una decisión personal, pero sí conviene saber qué quieres tú antes de resbalarte a donde las circunstancias te lleven. Muchas personas sienten vergüenza de que les hayan sido infieles. Sienten que si perdonan quedarán frente a los demás como cornudos o engañados, y eso les impide tomar una decisión pensando en su proyecto personal de vida, pues pesa más lo que el grupo social marca.

¿Acaso solo somos lo que los demás quieren que seamos?

Supongamos: uno de los dos quiere hacer el amor y el otro no. ¿Cuántas veces puedes aguantar bien un rechazo? ¿Cuándo dejas de acercarte por autoprotección? ¿Sabes qué tan mal puede sentirse quien rechaza al otro por pensar que no está cumpliendo con lo que debería o, simplemente, por darse cuenta de que no tiene ganas? Hay cosas que no se pueden forzar —el amor entre ellas— pero se puede buscar terapia. Un sexólogo o consejero de pareja podría hacer maravillas cuando la situación todavía es salvable.

Al principio de la infidelidad conviene hablar de ella, pero luego hay que dejar de hacerlo para hablar de la relación y cómo mejorarla. No se trata de resanar las grietas existentes, sino de hacer la construcción más sólida para que no aparezcan nuevas fisuras.

Lo que no se mide, no se mejora. Necesitan evaluar qué pueden mejorar, innovar o reforzar. Tal vez deban salir más con amigos, volver a reír juntos, no caer en tantos *hay que*: «*Hay que* sacar la basura», «*Hay que* pagar las cuentas», «*Hay que* arreglar esto». Dense tiempo para disfrutar juntos.

Si crees que no puedes perdonar, pregúntate si realmente no puedes o tu ego no te deja. Querer es poder.

Se trata de salvar algo que merece ser salvado. Analiza si son buen equipo, si hay reciprocidad, si son buenos padres, si se apoyan profesionalmente, etcétera.

Recuerda que la infidelidad es un error, pero no convierte a tu pareja en un error.

Escúchate cuando tu enojo deje de gritarte. Busca en el silencio de un momento lo que realmente quieres para tu proyecto de vida y si tu pareja sigue sumando a ese futuro deseado.

Una de nuestras virtudes como seres humanos es procurar a los demás, cuidarlos y preocuparnos por ellos. Es difícil ser indiferente ante el sufrimiento. No castigues a quien se equivocó porque no hay ningún mérito en amar a quien es perfecto.

Sentir demasiado es peligroso, pero sentir muy poquito es trágico. Tal vez tu enojo es del tamaño de tu amor, piensa en eso y date una oportunidad de reflexionar las cosas con claridad.

Déjale al otro la dignidad de su propio dolor. No eres la única persona que sufre en esta relación, equivocarse suele ser muy doloroso.

Aceptar lo que pasó puede no ser suficiente, tal vez tengan que encontrarle un significado. El sentido no está en estancarnos en la pérdida, sino en lo que hacemos después con ella.

Pregúntate cuál era el sueño: la casa, el trabajo y los hijos o la felicidad. ¿Por qué nos perdemos en él? Trabajamos en la casa, en los hijos, pero olvidamos la felicidad en el camino. Tal vez esa felicidad que buscas no sea un tema aparte de tu familia, quizá esté incluida en los pequeños momentos de convivencia familiar.

Recomendaciones para vivir tu duelo

La infidelidad es un golpe durísimo. Jamás pensaste que tu pareja te engañara, y de hecho esa fue una de las razones por las que elegiste a esa persona como pareja. Te sentías seguro en sus brazos y ahora pareciera que te expulsaron del paraíso. Aunque te pidan perdón, aunque se pongan de rodillas para hacerlo, duele. Confiaste y los celos pueden llevarte a una jaula en la que no quieres vivir. No debemos alimentar el lado enfermo de una relación. Si no puedes volver a confiar y perdonar realmente, seguir juntos será imposible. Trabaja en tu capacidad de perdonar. No es lo mismo perdonar que reconciliarse. El perdón es un regalo para uno mismo, para no ir cargando toda la vida el error de otro. No significa que te dé amnesia, sino que logres volver a sentir bonito al verlo en lugar de solamente ver su error o tu dolor.

Comprende que le ganó la gana y busca en tu corazón el alivio de no sentirte reemplazado de un día a otro. No eres un objeto, nadie te reemplazó. Esto te ayudará a sentirte mejor contigo mismo. Ahora la vida se trata de ti.

Recuerda que el trabajo del perdón incluye a la familia política, que tal vez recibió a la otra persona y la aceptó rápido en su casa y mesa, mientras que tú tenías años asistiendo a ella. La familia es solidaria con los miembros de la tribu y no se da cuenta del daño que con esto ocasiona a otros. Hay mamás muy alcahuetas con sus hijos. No es el amor lo que las ciega, porque el amor no debe ser ciego, es el apego y el miedo a que el hijo se enoje o se aleje de ellas lo que las hace actuar así. No los disculpo, por eso te pido que los perdones. Duele mucho darte cuenta de quiénes son las personas que te rodean, pero es mucho mejor saberlo.

Punto muy importante: no te compares con la otra o el otro. Céntrate en lo más importante: tus valores, no en la talla ni la edad. Tú no hiciste algo para que el otro fuera infiel, porque el ser infiel es una decisión. La infidelidad es un error, no una consecuencia. Recuerda en todo momento de tu duelo quién fue el que se equivocó. ¿Por qué vas a pagar tú el error del otro?

En el enojo de la traición, a veces podemos llegar a sentir que tu sueño de pareja lo está viviendo con otra. Crees que todo lo que tú deseabas y querías ellos lo están viviendo juntos, que quedaste fuera de la ecuación. Tu vida es tuya, nadie puede vivirla en otros zapatos. Si te quedas así, atorado en el enojo, no avanzas hacia las siguientes etapas del duelo que pueden ayudarte a pactar con la vida y decirle sí con más ganas.

Sé que es raro: a veces parece que el que obró mal es el que tiene la recompensa, que rehace su vida con ese otro que sentimos que se metió en medio, mientras que tú te sientes solo. El golpe que ha recibido nuestra autoestima con el engaño tarda en sanar, de eso no hay duda. Puede ser que el dolor haya caído sobre viejas heridas no sanadas de rechazo y traición de tu pasado. Por eso te pido que te vuelvas el peor arrepentimiento de tu ex, y no que le des la razón en haberte dejado. Quiero decir que uses lo que sucedió como motivación para ponerte más hermosa o más guapo, más *fit*, más sano, más feliz, más profundo, más culto y pleno por fuera y por dentro, y que cuando un día se encuentren por la calle y te vea piense que ha sido un tonto o tonta en dejar ir a alguien como tú. Este es un juego del ego; no lo harás por lo que él o ella puedan decir, lo harás por ti. A partir de ahora, y para siempre, tú primero. Llena tu copa primero y no vayas al mercado de parejas con hambre, sino con una lista de lo que realmente necesitas y quieres.

Es normal que sientas mucho odio, que desees que la esté pasando tan mal como tú o peor. Eso no te convierte en una mala persona, sino en un ser humano. Todo lo que sientas es válido, pero no todo lo que hagas es correcto. Modúlate, no hagas locuras. Si cuando se dicen hacer por amor no son válidas, menos cuando son por enojo o rabia. Confía en la justicia del universo: aunque a veces tarda, siempre cumple. No te conviertas en quien las circunstancias te lleven a ser. Sigue siendo siempre quien tú eres.

No debes querer a alguien por encima de ti. Tampoco puedes estar en una relación donde no tienes voz ni voto porque eso no es amor, es cautiverio.

Llorar no te traerá a tu expareja de vuelta ni la vida como era antes, pero tal vez te traiga de vuelta a ti. Tal vez llorando regreses y revivas. Se necesita valor para sentir el dolor.

Años de amor han sido olvidados
en el odio de un minuto.

EDGAR ALLAN POE

¿SIN DINERO NO HAY AMOR?

En cuestiones amorosas, cuando el dinero se comparte, el amor aumenta; pero cuando se da, el amor muere.

Stendhal

Poderoso caballero es don Dinero. Aunque hemos avanzado muchísimo en tecnología, ciencia, didáctica, conocimiento del ambiente, conciencia y un montón de materias, las parejas siguen peleando por los cuatro mismos motivos que en los ochenta:

1. Dinero
2. Poder
3. Sexo
4. Familia política

Uno de los temas recurrentes en los conflictos de pareja es el dinero: la administración de este, la división de los gastos, el ahorro común, el despilfarro y el juicio sobre lo que cada uno hace con el dinero.

En temas de dinero, parece que no hemos avanzado nada. Por eso es imperante que deje de parecernos de mal gusto hablar de dinero y pongamos las cosas en claro desde un principio. Lo que es tuyo, lo que es mío, lo que es nuestro y los límites de cada caso.

Si hubieras tenido a tiempo esa conversación, no estarían peleando por dinero el resto de su vida conjunta. Los límites siempre serán amor. Estar en pareja es adquirir responsabilidades y derechos voluntariamente. Todo tema debe ser abordado con naturalidad y sinceridad para ponerse de acuerdo, puede que no estemos originalmente de acuerdo, pero se abre el diálogo y comienza la negociación.

Las ambiciones de uno y de otro pueden ser un punto de unión o conflicto. ¿Qué pasa, por ejemplo, si uno ha perdido la motivación para crecer profesionalmente y el otro deja de admirarlo por eso? No solo respetamos o admiramos a alguien porque le va bien económicamente, pero no podemos negar que el éxito y la motivación son cualidades sumamente atrayentes.

No creces *en* la pareja, creces *como* pareja.

Aclaro esto porque en ocasiones se piensa que tu camino de crecimiento está justo en tu matrimonio, unión o elección de compañero de vida. Ahí crecerán como mancuerna, como equipo, como familia, pero es importante que no frenes tu desarrollo personal y profesional por el acta matrimonial o cualquier compromiso que hayas hecho. Cada uno se labra su camino y podemos llevar los avances en una relación de forma paralela, pero sin descuidar la responsabilidad del papel protagónico de nuestra propia vida.

Si los dos tienen la intención de crecer profesionalmente pero solo uno lo hace y el otro se estanca cuando era su deseo hacerlo (no todo el mundo anhela desarrollar una carrera laboral), entonces podría llegar el momento en que la persona «exitosa» vea a su pareja con superioridad. Esto es un enorme riesgo; que se acabe la admiración y hasta el respeto por el otro.

Te platico un caso muy doloroso, con muchas aristas de complejidad, que tuve en consulta hace apenas unos meses.

Paloma era una ejecutiva muy exitosa en el ramo de las telecomunicaciones. Leonardo, su marido, llevaba desempleado dos años, sin poder conseguir trabajo en el área administrativa donde siempre se había desempeñado. La compañía en la que él trabajaba cerró y tuvieron que liquidarlo. Él era un buen empleado, cumplido y responsable. El problema es que tenía ya 45 años y no le estaba siendo sencillo concretar entrevistas para nuevos empleos.

Paloma necesitaba un descanso, así que invitó a la familia a un fin de semana largo a Estados Unidos para asistir a parques de diversiones, comer rico y hacer un poco de *shopping*. Los niños necesitaban ropa, así que fueron a una de esas grandes tiendas donde encuentras de todo a buen precio. Los niños y Paloma escogieron cosas, pero Leonardo nada más miraba y cargaba bolsas. Obviamente no tenía dinero para comprarse nada y le apenaba bastante que su esposa comprara todo aquello para la familia.

El siguiente año repitieron el paseo, esta vez Paloma le ofreció que escogiera algo: un suéter, una camisa, alguna prenda que le hiciera falta. Ella iba a invitárselo. Él aceptó a regañadientes, aunque siguió cargando las bolsas y tuvo una paciencia de santo.

El viaje se repitió un tercer año. Cuando llegaron a la tienda, Leonardo escogió todo lo que necesitaba (o se le antojaba) y lo puso en la caja junto con las cosas de Paloma y sus hijos. A ella se le atoró en el estómago lo que consideró un abuso. No dijo nada, nada con palabras; aunque hay personas que, si no hablan, les salen subtítulos. El resto del viaje estuvo agresiva e irritable, «cobrándole» a su manera lo que había considerado un exceso por parte de su pareja.

¿Dónde está la línea? No está, hay que dibujarla claramente y volverla a pintar cada vez que parezca difuminarse. Cuentas claras; amores largos.

Paloma y Leo salvaron su relación. Yo trabajé con ella la pérdida de la admiración por su marido y juntos fueron a terapia de pareja para hacer nuevos acuerdos, límites y todo un contrato matrimonial actualizado a sus necesidades actuales. Funcionó y siguen juntos. Leonardo puso un negocio en línea y, aunque está arrancando, todo pinta bastante bien porque el tener una actividad propia le regresó la motivación y hasta las ganas de rasurarse por las mañanas.

Hay un riesgo muy grande en querer cobrarle al otro tus sacrificios si te quedaste en casa a cuidar hijos, atender el hogar o hacerle la vida más sencilla al compañero. Si ese es tu deseo, ni siquiera debería de considerarse sacrificio y está perfecto, pero cuando, en un pleito, uno se lo echa en cara al otro, podría tratarse de frustración.

No se encuentra a la pareja perfecta, se construye con el tiempo. Lo que encuentras es la persona con la que puedes construir confianza y sinceridad.

El otro no te da permiso ni espacio para desarrollarte, esa es una conquista personal. Incluso diría que es una obligación y privilegio al mismo tiempo. Todas las personas tenemos potencias y dones, llevarlos a su máxima capacidad nos hará sentir exitosas, productivas y aptas para esta vida. Esas son cualidades que puedes aportar a tu relación de pareja para hacer más rica la convivencia.

La vida de una persona tiene muchas áreas de desarrollo, nadie cubre todas nuestras necesidades ni ocupa todo el amor que tenemos. El amor que hay para nuestra pareja es solo de ella, pero no es todo el amor que tenemos. Cuando una mujer enviuda se le suele decir: «Vas a rehacer tu vida», cosa que nunca se le menciona a un varón cuya esposa ha fallecido. Se asume que, sin un hombre o pareja, la vida de una mujer está deshecha, pero eso no es verdad. Las áreas amorosa y sexual pueden estar muy afectadas, pero también tenemos vida familiar, social, laboral, económica, espiritual y personal que puede seguir funcionando a pesar de la tristeza que te genera perder a tu compañero de trayecto.

Todos hemos escuchado la frase: «Envejecer es obligatorio, pero crecer es opcional». Yo creo que no debería ser una materia optativa. Crecer es el motivo por el que estamos en esta experiencia terrenal. Busquemos alcanzar nuestro máximo potencial para que de esa forma aportemos más ideas, conocimientos, experiencias y vivencias a quien decida compartir su vida con nosotros.

ANTES DE CONTINUAR

Si realmente consideras que estás en una relación que puede ser salvada con trabajo, dedicación y el compromiso de ambos, pasa a la siguiente página.

Por el contrario, si estás viviendo una separación o tienes la seguridad de que debes terminar una relación, por favor, continúa tu lectura en la página **77**.

¿Qué puedes hacer para salvar la relación?

Saber qué buscas y si donde lo buscas hay salud emocional o no. Puede haber muchos trastornos que impidan a una persona amar sanamente, como el narcisismo, la alexitimia, el *borderline* y la bipolaridad, por mencionar algunos. Es muy difícil no saber lo que uno quiere encontrar en otra persona. Comienza por eso, por buscar equilibrio y no una patología.

Lo ideal es que ambos sean independientes, autosuficientes, para que permanecer juntos sea siempre *porque contigo soy más*, y no *porque sin ti no soy nada*.

Pregúntate en qué momento frenaste tus aspiraciones profesionales, o bien, en qué momento te acobardaste pensando que no ibas a lograr lo anhelado.

¿Hay alguna manera en la que puedas reinsertarte ahora en una vida laboral productiva? ¿Puedes autoemplearte, cambiar de giro o actualizarte? ¿Te interesaría hacerlo?

Conseguir la admiración propia no debe estar ligado a un éxito monetario, pero sí a saberte en el camino correcto. También es muy satisfactorio el trabajo altruista, ayudar a los demás, aun sin goce de sueldo. Busca algo que te motive a comenzar tu semana.

Hay un dicho popular que sentencia: «Cuando el hambre entra por la puerta, el amor salta por la ventana». De ser así, entonces el amor debe ser paracaidista experto en nuestros tiempos.

No solamente el hambre es motivo del salto, sino la falta de ahorros, las compras excesivas, las diferentes economías en la pareja y cómo se ha olvidado el *nuestro* para priorizar el *tuyo* y el *mío*. Hoy se habla de mi sueldo, mis vacaciones y no de nuestra economía, nuestros planes. El plural en las oraciones de pareja es fundamental para su sobrevivencia.

Cada casa tiene un manejo distinto de sus finanzas y respeto mucho eso; no creo que haya una sola fórmula que resulte efectiva cuando se trata de dinero. Las combinaciones pueden ser infinitas: ambos aportamos, nos dividimos gastos, ahorramos juntos, yo trabajo y tú cuidas hijos, te doy un sueldo por quedarte en casa, etcétera.

Lo que dos personas acuerden está perfecto para ellas, pero, como en todos los contratos, la pareja debe tener negociaciones y actualizaciones. Deben replantearse los acuerdos originales y seguir viendo si funcionan o no conforme a las condiciones que viven actualmente.

Propónganse un ahorro en común. Independientemente de lo que cada uno tenga, hagan un fondo para vacaciones, gastos extra o lujos. Elijan la manera más equitativa de irlo incrementando y, cuando sea momento de gastarlo, disfruten juntos sin remordimiento alguno. El dinero solo es importante cuando hace falta, como cuando no es suficiente para cubrir casos de enfermedades o accidentes. El tema del cuidado y la prevención de la salud es de vital importancia en la actualidad debido al incremento en costos que todos estos servicios han tenido en años recientes. Ahorren para cuidar de su salud, no solo para recuperarla.

«El dinero no da la felicidad —decía la Doña, María Félix, estrella del cine mexicano—, pero calma los nervios».

El dinero no tiene una energía propia, somos nosotros los que nos relacionamos con ese pedazo de papel o metal desde la abundancia o carencia. Lo que importa es cómo vibras tú con respecto al dinero. Desde la abundancia, sabes que el dinero rueda, se va y vuelve; de donde vino ese vendrá más y no te aferras a él de manera mezquina. Desde la carencia, no quieres soltarlo, temes que se acabe y no seas capaz de generar más. La recomendación es que seas abundante en tu vida, en todas las acepciones posibles de la palabra.

Déjame contarte aquí el caso de Mariana y Lourdes, a quienes vi en consulta por la muerte de su mascota, una perrita, de raza labrador, que era para ellas su luz y alegría. Formaban una pareja desde hacía siete años. Esto no quiere decir que porque llevaban ese tiempo juntas estuvieran de acuerdo en todo, sino que mantenían vías de comunicación abiertas. Desde que se conocieron, querían agradarse la una a la otra, tenían detalles pequeños que hicieron grandes diferencias. Al empezar su relación, tomaron tres decisiones importantes que les han ayudado y que hoy comparto contigo como guía de qué hacer si estás buscando mejorar tu relación.

La mayoría de las parejas quiere conservar su relación, pero no trabaja mucho en mejorarla. Conscientes de eso, Mariana y Lourdes prometieron que, en todo momento, aun enojadas, se harían sentir queridas. Ellas podían desaprobar una conducta, pero no a la persona. Decidieron no irse a la cama enojadas sin haberse enfriado emocionalmente después de una discusión y haber hablado de lo ocurrido. Por ningún motivo alguna dejaría el lecho compartido para irse a dormir a la sala o algún otro lugar. Para ambas, los problemas se arreglan en la recámara y no fuera de ella. Y finalmente acordaron nunca permitir que el tema del dinero ensuciara su relación. Por ello, son impecables en el cumplimiento de sus acuerdos monetarios, son claras cuando una invita a la otra y están enteradas de lo que a cada una le toca poner, cuando es el caso. El dinero es un medio y no un fin para su relación. Ellas siguen juntas, felices y muy prósperas económicamente también.

Recomendaciones para vivir tu duelo

Si el dinero fue una de las razones por las que se acabó tu relación o el principal, necesitas trabajar en tu relación con el dinero. Muchas creencias poderosas provienen de nuestras familias de origen. «El dinero es el diablo», «El dinero separa a las familias» son frases y decretos que probablemente escuchaste en casa y que subyacen a tus acciones de manera inconsciente. Las constelaciones familiares y la terapia sistémica creada por Bert Hellinger son un gran recurso para darte cuenta de cómo te relacionas y actúas frente a temas de dinero.

Hay toda una rama de la psicología llamada *psicología de la abundancia* que puede ayudarte a profundizar en tu actuar con respecto al dinero y bienes materiales. El psiquiatra Brian Weiss, especialista en regresiones y vidas pasadas, dice que te has acostumbrado a lo que se llama «motivación por deficiencia»; es decir, evalúas todo lo que te falta y después preparas un plan destinado a reparar las deficiencias. Por eso muchas de tus conductas actuales con respecto al dinero, gasto y ahorro tienen que ver con carencias y sucesos de tu infancia y juventud temprana en tu familia de origen.

Cuando se vive un duelo por la terminación de una relación, debemos estar dispuestos a dejar a un lado todo lo que creemos saber y hacernos nuevas preguntas sobre la vida que queremos: ¿soy reactivo en lugar de dar una respuesta meditada a los conflictos? ¿Sé permanecer abierto, sé contener y guiar, o me cierro y desespero? Si no utilizas esta relación pasada como un escalón para subir a otra, no habrás aprendido nada de ella. ¡Qué desperdicio de tiempo!

Un duelo es un proceso simbólico de cambio no solo en hábitos externos, también conlleva una transformación interna. Necesitas hacer tu trabajo de duelo porque no es algo que «solito se pasa». Requiere que te des cuenta, que seas compasivo contigo mismo y, de preferencia, que tengas acompañamiento para ir compartiendo ideas y conclusiones al respecto.

La vida es un proceso de cambio, no te resistas tanto a él. Respirar es inhalar (vida) y exhalar (muerte). En sí mismo, este acto es una lección de que todo acaba. Con cada inhalación te llenas, con cada exhalación te vacías para dar cabida al nuevo aire que habrá de entrar en tus pulmones.

Algo te irá guiando en este proceso, aunque al principio sientas que no vas a poder. Mantente receptivo a qué necesitas. Suelta para hacer esta transición menos complicada. Piensa que haber terminado con esa persona te sacó de tu zona de confort y eso puede significar el empujoncito que necesitabas para emprender algo, cambiar de empleo o darle un giro nuevo a tu vida.

Cuando se acaba una relación que parecía nuestra roca, nuestro soporte, debemos soltar también la ilusión que tenemos acerca del control absoluto de nuestra vida y los eventos que en ella ocurran. Aquello que te quita la paz es en lo que hay que trabajar. Sé que te pido mucho, pero aprende a amar lo que te está pasando porque eso será reconocerlo como catalizador para un cambio positivo en ti.

Lo que era normal en nuestra relación no necesariamente es algo natural o sano. Puedes pasarte años resintiendo lo ocurrido y eso no cambiará el pasado o puedes no desperdiciar ni un segundo y comenzar a construir una nueva relación contigo mismo, con el dinero, con la abundancia y, luego, con alguien más.

Deja de pensar que el dinero cambia a las personas. Tu expareja sigue siendo la misma, aunque ahora tenga dinero, lo cual puede hacer más evidentes sus defectos o también sus virtudes. El que es generoso con el dinero lo será más después de una ruptura, el que era tacaño, con dinero, se volverá un avaro. El dinero no tiene el poder de volverte víctima o victorioso, pero tú sí.

Estás enojado y está bien; es parte del proceso. Aprende el papel de un enojo sano en tu vida. No incrementes el riesgo a enfermedades por contener esa rabia, mejor descubre cómo canalizarla con ejercicio y actividades recreativas que permitan drenarla. Aprende a expresar tu enojo sin dañarte ni perjudicar a otros. El enojo es un gran maestro que nos enseña a defender nuestras fronteras y límites.

- Pinta tu enojo.

- Cocina tu enojo.

- Ejercita tu enojo.

- Medita tu enojo.

- Escribe tu enojo.

- Grita al infinito tu enojo.

- Suelta tu enojo, no te identifiques con él.
  No eres tu enojo.

Sobre todo, no te quedes solo con lo obvio, ve más adentro en tu proceso para salir fortalecido de él. No hay víctima y victimario, ambos son adultos, así que reconoce tu parte en ello para no repetir ese fallo.

LO QUE
NO SE HABLA,
NO SE SANA

Hemos incurrido en varias faltas,
pero vislumbro que nuestra gran
equivocación, la más irremediable, ha
sido el no hablar nunca de ellas.

MARIO BENEDETTI

La comunicación en pareja es algo fundamental. Se trabaja y se construye desde los primeros días de noviazgo. Muchas parejas que terminan no hablaban de ellos, de lo que les gustaba, de cómo se había ido transformando su visión de la vida y su proyecto en ella. Hablaban solo de lo que pasaba y también hablaban de otras personas.

Así como las miradas son largas en un principio de la relación, después lo son los silencios. Parece que las palabras se terminan y por eso prefieren poner música en el coche, en lugar de platicar y aprovechar los trayectos como espacio de convivencia y comunicación, tal como se hace con los hijos al recogerlos del colegio.

Puede ser que en pareja se hable, pero el problema radique en que tal vez no se escuchan.

Si tú no escuchas al otro, no sabes lo que tiene en la cabeza, y cómo podrías vivir con alguien que no conoces. Deberíamos de escucharnos con curiosidad, tal como te escucha un niño cuando le cuentas una historia.

Dejas de hablar porque sientes que el otro no te escucha, que tus palabras no cambiarán nada. Eso se llama desesperanza y es la tumba del amor.

En algunos casos pareciera que hasta hablan demasiado, sin pensar, sin reflexionar, sin tomar en cuenta que podrían herir los sentimientos del otro, sin considerar que lo dicho no puede desdecirse.

Mapy Lavat, autora de un libro llamado *Los diez errores más comunes de la recién casada*, en 1989 ya señalaba que la comunicación es la base del éxito de cualquier relación:

> Aun en el caso de que se adoren, son dos cerebros con distintas formas de pensar, que coinciden en el gran cariño que se tienen pero que no son la misma persona; las circunstancias, la historia de cada quien es distinta y reaccionan de distinta manera.

No se trata de adivinar los pensamientos y deseos de la otra persona, se trata de hablar sobre ellos. Incluso de discutir (que no es lo mismo que pelear), porque el objetivo es ponernos de acuerdo, no imponernos sobre el otro.

Vivimos en la era de las telecomunicaciones, el internet, los satélites, la fibra óptica y demás, pero no sabemos entablar una charla con la persona que vivimos. Cruzamos nuestros horarios de trabajo, nos ponemos de acuerdo por mensajitos en los pendientes del día y cuando estamos juntos lo único que queremos hacer es tirarnos en la cama... a ver una serie.

Estamos agotados, con vidas ajetreadas que no dan mucho margen a la conversación, a la discusión de ideas ni a compartir nuestras reflexiones del tipo de vida que estamos llevando. Es muy, muy triste que sepamos en un instante lo que sucede en un país lejano, pero no tengamos la más mínima idea de lo que pasa por la mente de la persona con quien compartimos almohada. La prisa es una cosa; la flojera, otra muy distinta.

Lo que no se habla, no se sana. Por eso las parejas van mostrando en su trato cicatrices de todas esas conversaciones no tenidas, todos esos baúles de lo no expresado que permanecen ahí durante años y que son, al final, con los que tropieza la relación.

La raíz latina de la palabra *comunicación* es *comunicare*, «poner en común». Solo hablando y usando la proporción que nos dio la naturaleza: dos orejas y una boca —para escuchar el doble de lo que hablamos—, podremos realmente saber qué siente el otro sin esperar que, como película de Disney, ya lo sepa de antemano. Esa es una expectativa falaz. Ni adivinos ni poseedores de una bola de cristal: tenemos que indicar abiertamente nuestros deseos. Dejemos de decir: «Es que no me entiende» o «Si se lo pido ya no tiene chiste», y busquemos explicarnos mejor. Todo ello en defensa del amor, que solito no basta para durar tantos años juntos.

Hablemos de Francisco y Cris. Este caso fue particularmente interesante porque, a diferencia de las novelas maniqueas donde es claro que hay un bueno y un malo, ambos integrantes de la pareja eran excelentes personas, simplemente cansadas de no saber comunicarse. En un principio, la muerte de un hermano de Francisco lo llevó a terapia, pero pronto sucedió algo común cuando se comienza un proceso terapéutico, como decimos coloquialmente: le jalaron la cobija y se destaparon los pies. Su lamentación inicial era no haberle dicho nunca a su hermano que lo quería. No logró decirle lo mucho que significaba para él, lo que valoraba la infancia compartida y todo lo que como hermano mayor le había enseñado. Lo no pronunciado ahora se manifestaba en su vida como un dolor de garganta crónico, carraspera y silencio sepulcral. Cris, su novia, estaba harta de ese silencio y comenzaba a pensar seriamente en terminar la relación. Solo no lo hacía porque sentía mucho remordimiento en dejar a Francisco en ese momento de duelo y tanto pesar para él.

Además de trabajar la ausencia de su hermano, *los hubiera* y *debí de*, Paco salvó su relación al descubrir que lo aprendido con quien se fue puede ser aplicado con quien se queda. Así, la muerte de su hermano no habría sido en vano para Paco. Su partida le enseñó que la ocasión es hoy, que hay que expresar lo que sentimos y no dar por sentado que el otro lo sabe o lo lee en nuestras acciones. Verbalizar es importante, aunque haya otros lenguajes del amor.

Por suerte, Cris acompañó a Paco a un par de sesiones y ambos se dieron cuenta de que el amor no se había acabado entre ellos, estaba en un letargo generado por el silencio y ostracismo de él.

ANTES DE CONTINUAR

Si realmente consideras que estás en una relación que puede ser salvada con trabajo, dedicación y el compromiso de ambos, pasa a la siguiente página.

Por el contrario, si estás viviendo una separación o tienes la seguridad de que debes terminar una relación, por favor, continúa tu lectura en la página **88**.

¿Qué puedes hacer para salvar la relación?

Te da flojera decirle algo a tu pareja porque asumes cuál será su respuesta, crees saber cómo va a reaccionar e incluso que nada va a cambiar. Esos «Es imposible platicar con él» o «Ni para qué le digo, ella no lo va a entender» los he escuchado muchas veces en mi consultorio. Arriésgate, habla, puede ser que el otro te sorprenda o se sorprendan ambos hablando de una nueva forma, con la disposición de escuchar, comprometidos a trabajar en la relación.

Redacta en media cuartilla cuál es tu plan para lo que resta del año o para comenzar el que sigue. ¿Qué es lo que más deseas que ocurra y qué esfuerzos estás dispuesto a hacer para ello? ¿Qué lugar nuevo te gustaría visitar o a cuál quieres volver? Una vez que hayas terminado, compártelo con tu pareja y, si están en busca de mejorar la relación, platiquen sobre ese plan. Hagan tiempo para lo importante, dejando a un lado, aunque sea por un momento, lo que creen urgente.

Si vives con una pareja a la que le cuesta decidir o siempre dice: «Lo que tú quieras», dale opciones. No le preguntes a dónde quiere ir a comer, pregúntale: «¿Sushi o pizza?». Acórtale el trabajo, muéstrale el camino.

El silencio aburre, charlar es muy ameno. Cómo puede ser que pasemos horas en silencio con quien compartimos casa, pero vayamos a comer con nuestros amigos y platiquemos durante eternidades. Ahí no se nos acaba la conversación; somos «luz de la calle y oscuridad de la casa». Qué aburrido sería un amigo que sale a comer y no conversa; qué letal es una pareja que no se expresa ni comparte.

La comunicación y la admiración son indispensables en una relación. Se admira a alguien por muchos motivos, no solo por su físico, disciplina o éxito profesional. Es importante decirse esas cosas con frecuencia. A todos nos encanta recibir valoración sincera. Haz las cosas bien, la línea recta sigue siendo la distancia más corta entre dos puntos. Esa línea se llama comunicación.

Recomendaciones para vivir tu duelo

Te sorprenderías de cuántos otros conflictos tienen como pie de foto la falta de comunicación. Damos por sentado muchas cosas, esperamos que el otro ocupe el sentido común (que, dicho sea de paso, es el menos común de los sentidos), pero a veces no sabemos comunicarnos. No se trata de hablar por hablar, sino de hacerlo cuando es necesario, escuchar y saber callar cuando se requiere. Eso es una buena comunicación.

Una vez más, revísate. Cuando se termina una relación, no conviene solo culpar al otro porque es hacer de una ecuación muy compleja, una operación de tercero de primaria. Se necesitan dos para bailar un vals. Ahora piensa en tus fortalezas y tus áreas de oportunidad en cuanto a la comunicación.

Para este ejercicio te pido que no respondas tú, sino que le pidas a algún miembro de tu familia, compañero de trabajo, vecina o amigo que te ayude. Sus respuestas (es mejor si puedes obtenerlas de diferentes personas) te ayudarán mucho a verte objetivamente.

1. ¿Hablo mucho?
2. ¿Busco ser siempre el centro de atención o tema de conversación?

3. ¿Muestro aburrimiento o hartazgo cuando se trata algo que no sea sobre mis temas?
4. ¿Hablo muy fuerte?
5. ¿Interrumpo?

¡Claro que no! Responderías enseguida, espera y pregunta. Pide que sean sinceros, esto realmente puede ayudarte.

Hay otro aliado que puede sumar, revisa tu tiempo de pantalla en tu celular la última semana. No hay necesidad de decir nada más. De hecho, sí: todas esas horas las has pasado con un teléfono, no con tu pareja.

Es de dos, yo lo sé, pero quien me importas eres tú, que estás leyendo este libro. Quiero que hagas un buen duelo, introspectivo y sanador. Que crezcas como persona y, por ende, como pareja. Debes pulir tus habilidades de comunicación. Recuerda esas primeras citas con tu expareja. Cuando estaban quedando, mostrabas interés en cada una de sus palabras. ¿Decía que le gustaba el rojo?, te vestías así la próxima cita. ¿Amaba los pasteles?, le cocinabas uno... ¿Y después? ¿En serio estabas presente y consciente en cada conversación o pasaste a piloto automático en las últimas charlas?

Muestra compasión por todos tus sentimientos y conductas, pero también curiosidad. Hasta que no te preguntes por qué actúas como lo haces, no habrá mejora posible. Mete curiosidad en vez de juicio en lo que piensas sobre ti.

Vive el duelo para sanar y no te quedes a formar parte de esta epidemia de soledad que nos ataca hoy en día. La casa nos aplasta a veces, necesitamos salir. Sal a encontrarte y a conversar con personas, ve a pulir esas habilidades para relacionarte y comunicarte. La vida da muchas oportunidades, tómalas.

Healing, la palabra anglosajona para «sanar», significa *estar completo de nuevo*. Para ello no necesitas una media naranja, tú solito haces buen jugo.

¿Será que se nos acaban los temas de conversación o perdemos la curiosidad por la vida?

¿LA RUTINA TE DA PAZ O MATA AL AMOR?

¿Por qué fingimos que estamos,
si solo somos un montón de vacío?

Anónimo

Cierta estructura te da seguridad. Te contiene y conforta porque es predecible, pero la rutina tediosa y agobiante acaba por asfixiar cualquier cosa, incluso al amor.

Si llegas al punto en el que crees que puedes anticipar las reacciones de tu pareja o llegas a odiar sus hábitos, quizá estés «mirando la pintura demasiado cerca». Por eso en los museos te ponen una línea a partir de la cual puedes tener mejor perspectiva y apreciación del arte: sin tener la imagen demasiado cerca o demasiado borrosa. Nadie seguiría valorando igual a *La Gioconda* si la tuviera colgada en la pared de su sala. Y es que decía Quevedo que «Lo bueno, si breve, dos veces bueno», y la realidad es que las relaciones suelen durar más de lo que deberían. Es decir, cuando te das cuenta de que ya no quieres seguir al lado de una persona, debería de ser el momento de separarse. No cinco años después, hartos ambos y después de haber incurrido en faltas de respeto y actitudes que dañan la autoestima de las personas. Sí se puede uno separar desde la gratitud de haber estado juntos, con el corazón lleno de cariño y deseándole lo mejor a la expareja. Si no se dejan a tiempo, acabarán enojados uno con el otro (hasta pueden proyectar su falta de valor para abandonar el vínculo), reclamándose todo y con franco asco a la intimidad entre ambos.

«Me choca cómo se viste», «Deja todo tirado siempre», «Respira muy fuerte»; todo eso significa: «Houston, tenemos un problema».

Una cosa es cuando está la pareja sola al principio de su unión y otra muy distinta cuando llegan los hijos o cuando ha pasado tiempo y la novedad del inicio se volvió una realidad predecible y sin emoción.

Algunos por su temperamento empiezan a acomodarse en días específicos para hacer las cosas: martes de cine, domingos en casa de mi mamá, sábado con amigos, etcétera, o dividen la semana con una misma actividad que les hace sentir que ya pronto llegará el fin de semana: miércoles de pizza, ombligo de semana; *juevebes* de chelas, y cosas así. Algunos simplemente eligen quedarse mucho tiempo en casa frente al televisor, mirando partidos o series y con eso son felices. Pero ¿qué pasa con el otro que se siente enclaustrado o presa de una rutina?

Un gran indicador de ello es cuando dejan de hacerte gracia los mismos chistes de tu pareja. Al principio creías haber encontrado a la persona de mejor humor y luego se te acabó la risa. Es responsabilidad de cada quien actualizar su repertorio de bromas. Por extraordinario que sea un comediante, jamás irías a ver su show todos los días, durante 30 años, si no cambiara sus monólogos.

Imagina que te invitan a un viaje en tren. Al principio estás emocionado por subirte en él. El tren es la novedad, y el viaje en sí mismo también lo es. Recorres los vagones, descubres todo lo que ofrece y lo disfrutas con gran entusiasmo. Pero al cabo de un tiempo, las cosas cambian. Te sientes raro, ahora pasas más tiempo mirando por la ventana que disfrutando del interior. El que va a bordo de un tren siente que está detenido, que lo que va rápido es la película que pasa frente a sus ojos: árboles, prados, huertos, un paisaje bucólico de cielo azul y nubecitas de película para niños. Pero eso sucede afuera; adentro, nada. Todo igual, todo como siempre, yendo a ningún lado.

Es fácil caer en la rutina cuando una de las partes está cómoda con ese día a día. Para uno todo requiere poco esfuerzo, solo un mantenimiento leve; vigilar las eventualidades y recuperar el equilibrio. Para el otro, es un horror.

Muchas mujeres, llenas de ilusión y amor romántico, siguen soñando con el príncipe azul y tal vez acaban casádose con el hombre que tiene el mejor trabajo. Los hombres desean a una modelo como compañera y probablemente terminan viendo a su mujer más tiempo en pants que en tacones. La realidad cambia y se ajusta, y eso nos asusta mucho. Queríamos más y sentimos que no lo tenemos y se nos está pasando el tiempo para conseguirlo.

No importa cuánto nos guste alguien o algo, si se convierte en rutina, terminará por hartarnos. Piensa que tu sopa favorita es la de fideo. ¿Podrías comerla todos los días durante 10 años sin quedar fastidiado de ella? Por eso hay que meterle variedad al platillo: sorpresas, innovaciones, actualizaciones y demás. El corazón que no palpita, se detiene, así de simple. De la sazón que le pongas a tu relación dependerá que esa otra persona quiera comer en casa.

Constantemente tienes que preguntarte y preguntarle a tu pareja si están siendo las personas que quieren en esta etapa de su vida. Atrévete a hacer esa pregunta. Atrévete a cambiar si es necesario, porque decir «siempre hemos hecho las cosas así» o «así soy, así me conociste» no habla de evolución, sino de conformismo, que acaba por quitarle el oxígeno a toda relación.

Si algo rompe la rutina es la pérdida, pero solo si se vive en pareja; si uno se abre a la experiencia del dolor del otro y no da un pasito para atrás. He detectado en mi práctica profesional que las personas que han tenido una pérdida a veces no incluyen a su pareja en el proceso de duelo. Asumen que no pueden entenderlos y se quedan enganchados en su propio dolor, sin dejarlo entrar a ese mundo de lágrimas que por ahora habitan. En algún punto, le reclamarán a la pareja no haber estado ahí para ellos, pero habrán sido ellos mismos quienes no dejaron entrar al otro.

Ayúdalo a ayudarte, acércalo a libros que puedan dar guía de cómo acompañar en un proceso de duelo. Para el caso, te recomiendo *Viajar por la vida* y *Elige no tener miedo*, que escribí con eso en mente. El pódcast «Después de la pérdida» también puede ayudarles a resignificar y reasignar el dolor como un camino de crecimiento.

Cuando perdemos a un padre, madre, hermano o abuelo que era parte fundamental de nuestra vida y biografía sentimos que jamás volveremos a ser los mismos. Hasta sentimos recelo por quienes todavía tienen a sus padres o familiares con vida y pensamos que por eso los demás no pueden entendernos. Pero no se trata de saber qué se siente perder a una madre; aunque tu pareja hubiera perdido a la suya, puede que no entienda por lo que tú estás pasando. La relación que tenían, los pendientes, los recuerdos. Por eso cada duelo es único e irrepetible, como una huella digital.

No haber vivido un duelo particular no te inhabilita para acompañar a quien amas en el suyo. Tienes permiso de sonreír y hacerlo sentir bien con detalles, retomar un ritmo de familia y pareja. Si te quedas mirando al piso buscando a quien no está, te pierdes la oportunidad de levantar la vista para encontrarte con los ojos de quien te ama.

El duelo puede hacerte abrir los ojos a lo que realmente quieres en la vida. Tal vez por eso te alejas, porque la muerte —siempre una gran maestra sobre la vida— te está haciendo replantearte con quién y dónde quieres estar antes de que llegue tu propia hora. Se vale decidir que ya no quieres estar con alguien y se vale terminar, solo háblenlo.

Utiliza un GPS emocional que recalcule la ruta por la que quieres seguir andando. No saques de tu vida y de tu duelo a tu pareja sin explicación alguna. Bien manejados, los duelos en pareja te unirán de por vida, siempre que la pareja no estuviera ya fracturada desde antes de la pérdida. Recuerden que hay casos que ya están perdidos y hay que saber aceptarlo. Negar los finales es también querer negar la muerte.

A una pareja la separan las promesas incumplidas, pero también todas aquellas situaciones que no se previeron —esas ante las que no se sabe actuar—, además de todo aquello que demerite o afecte la autoestima de una de las partes.

La falta de valoración y agradecimiento vuelven rutinaria cualquier vida. Por eso te pido que, antes de continuar con tu lectura, hagas una lista de 20 cosas que verdaderamente agradeces tener en este momento:

1. _____

2. _____

3. _____

4. _____

5. _____

6. _____

7. _____

8. _____

9. _____

10. _____

11. _____

12. _____

13. _____

14. _____

15. _____

16. _____

17. _____

18. _____

19. _____

20. _____

¿En cuántas de ellas aparece tu pareja? ¿Qué lugar ocupan en tu lista? Muchas de ellas seguramente puedes hacerlas sin necesidad de tener pareja. Recuerda siempre que no estás con alguien porque lo necesites, sino porque lo eliges.

Si este ejercicio no te puso a reflexionar, haz una lista también de qué quieres cambiar. No es fácil, porque para ello tienes que reconocer que no estás contento en este momento, y estamos entrenados para evadir la incomodidad emocional y voltear para otro lado.

Una relación es la unión de dos personas que tienen diferente ritmo de crecimiento, desafíos y oportunidades. La buena pareja es aquella donde no hay jerarquías, donde ninguno se somete al otro. Ambos evolucionan, en el mejor de los casos. Claro, no son las mismas personas que se conocieron hace años, ¡qué flojera! Ahora, una cosa es convertirte de plano en otra persona, con unos valores totalmente opuestos a los que antes sostenías, y otra muy diferente es refinarte; por ejemplo, tener más mundo o cultura. No debemos sentirnos intimidados por los cambios, sino invitados a experimentarlos para no caer en una vida rutinaria.

Así como hay pasajeros que ven pasar el mundo por la ventana del tren, así también hay otros que sienten que cruzan un túnel sin fin. Ese túnel es la rutina: una pared de piedra café claro, árida, con algunas plantitas abriéndose paso entre la roca. Un paisaje hostil y claustrofóbico. Ese túnel oscuro, sonoro y veloz es la monotonía que vive una pareja, día tras día, a bordo de un convoy que no ofrece paradas ni salidas.

¿En qué momento el pasajero descubre que es él quien está en movimiento y no el exterior? Nos movemos a través de diversas situaciones, pero no permanecemos ahí para siempre. No somos pasajeros. Somos conductores, maquinistas capaces de modificar la velocidad, detenernos e, incluso, cambiar de tren. Date cuenta de tu papel en este viaje. ¿Te arrojarías de un tren en movimiento —doloroso, por decir lo menos— o eres capaz de detener la máquina para hacer ajustes?

El sentido está en darte cuenta de que tú decides. Que el poder de modificar las cosas está en ti. Deseas algo, pero sabes que si externas tus deseos habrá repercusiones; afróntalas. Recuerda que eres proporcionalmente infeliz a tus deseos. Solo desear sin actuar es una jaula. Entre más deseas menos libre eres, porque tu mente es presa de aquello que no tienes y persigues. Preso de lo que quieres y no tienes, dejas de ver lo que sí hay en tu vida y en tu relación. No se trata de abandonar todo lo que deseas, sino de equilibrar lo que hay con la aspiración de lo que aún no llega y tener más emoción al respecto. La vida se debe vivir, en mayor cantidad, en el tiempo actual y no tanto en el futuro. El entusiasmo solo conoce el tiempo verbal presente.

Te comparto aquí la historia de una pareja que se desgastó por las cosas que no tenían. Yo los recibí en el consultorio cuando estaban a mitad de una mudanza, un cambio que siempre conlleva pérdidas. Aprendí mucho de ellos y de cómo todo puede cambiar para bien o para mal en una relación:

Daniel y Diego se conocieron en una fiesta hace alrededor de seis años. La atracción fue inmediata y las ganas de volver a verse, mutuas. Varias citas siguieron a ese primer encuentro. Largas conversaciones en las que cada uno explicaba lo que quería de la vida, sus sueños y sus puntos innegociables para tener una pareja. Ambos eran solteros y entrados en los treinta; era normal que trajeran a cuestas varias historias previas y desencantos que los habían llevado a creer que era mejor estar solos que mal acompañados. Pero les gustó la compañía del otro y empezaron a pasar cada vez más tiempo juntos.

Al principio eran novios de maletita, de esos que llegan con una *backpack* para pasar el fin de semana y ni su cepillo de dientes quieren dejar en casa del otro. Así, todo el tiempo había emoción, porque había que ganarse que la visita quisiera quedarse a dormir, nada se tomaba por sentado. Después también se quedaban entre semana, dependiendo los planes, y cuando vinieron a darse cuenta ya tenían su tarde de domingo de películas, jueves de estreno de capítulo de la serie que compartían y horarios muy fijos para irse a la cama, para empezar frescos el siguiente día. Ninguno se quejó, todo se fue resbalando hacia una rutina cómoda con tintes aún de novedad. A los seis meses de vivir juntos, le ofrecieron a Daniel un buen trabajo en Tijuana, Baja California. Era un excelente sueldo; lo platicaron y ambos decidieron aceptar.

Entonces, todo cambió. Intentaban mantener la misma rutina, pero como Diego había renunciado a su trabajo para seguir a Daniel, esperaba ansioso en casa a que este volviera del trabajo. Pasaba todo el día encerrado y tenía ganas de salir a dar una vuelta cuando Daniel volvía. Él llegaba cansado, harto de lidiar con trámites y con ganas de chanclas y una cubita en casa. Los desencuentros comenzaron, el aburrimiento también y, como Diego no conseguía trabajo, la frustración empezó a filtrarse en la convivencia. El techo del departamento se les venía encima con cada pleito y discusión; ambos sabían que la relación anunciaba su funeral. Daniel encaró la situación y decidieron alejarse. Fue duro, pero ambos acordaron que sería mucho más doloroso todavía ver la bonita relación que habían construido convertida en ruinas.

En la emoción por la oportunidad que había para uno, el otro no vio lo pesado que serían sus propias renuncias para apoyarlo. Por eso debe haber un proyecto en común y conciliar lo más posible, que no quede la sensación de un sacrificado y un vencedor. Si el amor se acaba, nadie gana. La rutina y también el cambio drástico en ella pueden terminar enfermando un vínculo sano.

ANTES DE CONTINUAR

Si realmente consideras que estás en una relación que puede ser salvada con trabajo, dedicación y el compromiso de ambos, pasa a la siguiente página.

Por el contrario, si estás viviendo una separación o tienes la seguridad de que debes terminar una relación, por favor, continúa tu lectura en la página **107**.

¿Qué puedes hacer para salvar la relación?

La tristeza que hoy sientes en tu vida y que llamas monotonía o rutina tiene una finalidad: que hagas una introspección para que decidas lo que debes cambiar.

Ejercicio de observación:

- ¿Conoces parejas realmente felices?
- ¿Podrías nombrar cinco?
- ¿Cuál crees que es la clave de su éxito?
- ¿Son una realidad o son solamente una proyección romántica de lo que crees que debe ser el amor?

Tal vez no existen las parejas felices y lo que hay son *personas felices que hacen pareja*. Probablemente solo dos personas independientes que se hacen cargo totalmente de sí mismas, sin estereotipos y con la voluntad de amar incondicionalmente, puedan mostrar nuevas fórmulas de estar en pareja.

Respetemos los caminos de evolución y los espacios que cada uno necesita. Un justo medio en el que nadie se sienta invadido ni abandonado y donde, desde luego, la pasen bien.

Hagan cosas de viernes en miércoles. Diviértanse. El ser humano necesita entretenimiento, no solo ser responsable todo el tiempo.

Hay dos cuestionamientos indispensables para hacerte en este momento de tu vida:

1. ¿Esto es lo que quiero hacer? ¿Esto que estoy haciendo es lo que quiero seguir haciendo por ahora? ¿Lo disfruto, me gusta, me apasiona o me interesa? ¿Deseo continuar?
2. ¿Quiero seguir al lado de la persona con la que estoy haciendo todo esto?

Recuerda que el amor te mueve, pero también te frena. La fórmula que enseñaban los abuelos de sacrificios y trabajos que al final tienen su recompensa está rota. La vida es corta. Sé feliz, no te sacrifiques y, sobre todo, no sacrifiques a otro para ser feliz.

No basta con que seas bueno para que te vaya bien en la vida; la vida espera más de ti: que sepas luchar por lo que quieres, que no te des por vencido, que no tengas miedo, que te arriesgues y que recuerdes que algún día vas a morir. Eso le mete presión a tu proyecto de vida. No hay más tiempo que vida. Sacúdete la rutina hoy. Te comparto una frase que puedes repetir durante los momentos de duda:

Soy esta luz, soy esta vida, soy este momento.

Cuidado con estos tres caminos que parecen meterle emoción a una relación de pareja, pero lo que en realidad dejan es la semilla de la fractura:

Excesos

A veces, por querer salir de la rutina o el aburrimiento, recurrimos a excesos en consumo de alcohol o drogas. Esas salidas que se apetecían como románticas y divertidas pueden convertirse entonces en desastres y peleas. Revisa si existe una especie de túnel del tiempo al que puedas entrar y te haga recordar cuando no necesitabas de tanto para pasarla bien.

Cuidado con las reconciliaciones ardientes después de un pleito incendiario. Son altamente adictivas e igualmente insanas.

Violencia

Por otro lado, la violencia lo arruina todo. ¿Estás siendo violento física o verbalmente? ¿O tal vez solo brusco en tu trato? Cuidado. Si pasas de cero a cien en una discusión y no sabes cuándo parar, pide ayuda. Eso es una falta de control de tus impulsos que acabará lastimando a los que amas.

Entiendo que en tu desesperación por hacer reaccionar a tu pareja llegues al límite, aunque tu única intención sea hacerla responder y reaccionar, pero agredir a tu pareja (y a cualquier persona) nunca será el camino y te dejará una sensación de cruda moral muy dura.

Celos

Ser celoso, invadir espacios de trabajo, armar pleitos y «escenitas» o hacer pasar a tu pareja por vergüenzas no suma nada a la imagen que quieres que tenga de ti quien te eligió como compañero. Los celos no son la sal y la pimienta de una relación; pueden ser una raíz amarga. Si bien una muy pequeña dosis de celos puede mostrar tu interés por la persona amada, abusar de ellos echa a perder la relación. En la industria de la perfumería, se utilizan microdosis de esencias fétidas para equilibrar lo dulce de un perfume. El resultado de esta alquimia perfecta es una fragancia deliciosa. Imagina lo que pasaría si el perfumista se pone intenso con las cantidades.

Todo lo anterior son «patadas de ahogado», intentos desesperados de recuperar la chispa y romper la rutina encendiendo con gasolina algo que puede acabar quemándolos a ambos.

Por eso digo que la relación es un espejo que nos muestra claramente las partes de nuestro carácter que muchas veces no queremos ver. Trabaja en ti para que, si algún día dices: «Quiero separarme» o «Quiero terminar», sea un acuerdo y no un grito.

Recomendaciones para vivir tu duelo

El duelo es el proceso de reacomodo de todas nuestras emociones después de haber sufrido una pérdida. Debes aceptar lo ocurrido y decidir extraer un significado de ello. Busca capitalizarlo a tu favor.

La muerte del amor se vive como un fracaso, pero no lo es. Es una experiencia. Un error es equivocarte en algo que ya sabías hacer; en el tema de las relaciones la verdad es que nadie es experto, estamos aprendiendo todo el tiempo. No te juzgues. En este momento necesitas ser tu amigo, no tu propio juez.

El peligro en este tipo de duelo por aburrimiento es que tratamos de vivirlo rápidamente. Caemos en una positividad tóxica diciéndonos frases como: «Por lo menos no terminamos tan mal», «Las cosas pudieron salir peor». No te animes de esa forma. No es algo que se arregle, porque no es un problema; es una situación por vivir. Tampoco intentes llegar al agradecimiento de manera veloz. Así no sentirás alivio. Duele que se haya acabado, tú hubieras querido tener un amor sano y vivo; sin embargo, terminó y hay que vivir este proceso.

Nadie muere de amor; el amor muere y la persona sobrevive. Jamás has visto un ataúd para dos.

Pregúntate qué hiciste por tu parte para que cayeran en el aburrimiento. Lo fácil es culpar de todo al otro, pero la situación es mucho más compleja que eso. Si no trabajas en ti, esta no habrá sido una relación que, como peldaño, te lleve a un nivel superior, sino que repetirás un patrón idéntico en tu siguiente relación. Mismo infierno, diferente diablo.

Sentirte espontáneo rompe la rutina de tu vida, no solo de tu relación. Intenta un nuevo color o corte de cabello, compra cosas diferentes, come en lugares distintos, sal de tu zona de confort y verás que las sorpresas aún pueden ocurrir.

En la película *Solo un sueño*, con Leonardo DiCaprio y Kate Winslet, durante una discusión en la que él le reclama que lo que ella quiere hacer —irse a vivir a París— es una locura, ella responde: «Si estar locos es vivir la vida como si importara, no me importaría estar completamente loca».

Madame Bovary y *Don Quijote de la Mancha* nos llenaron la cabeza de ideas románticas, de aventuras permanentes, de sobresaltos del corazón interminables y de altísimos niveles de adrenalina en pareja. La vida real no tiene tantos fuegos artificiales, pero es muy muy buena si sabemos apreciarla en verdad.

No se puede vivir una vida monótona que no te gusta y que pareciera que no importara si algún día se termina.

La trampa en este tipo de duelo es quedarte mucho tiempo en la depresión, porque finalmente vienes acostumbrado a estar en un mismo sentimiento o emoción. Antes estabas en la apatía o hastío, ahora lo cambias por depresión. Es sano que las emociones evolucionen; deja de verlas como estorbos y piénsalas como vibras funcionales que ayudan a cambiar cosas que no te gustan de tu vida. El cómo te sientes será siempre un indicador de lo que necesitas hacer. *E-moción* significa ponerte en movimiento, accionar, no solo sentir. Siéntate y siente cómo estás ahora, sentir es el principio para decidir hacer un cambio.

Recuerda que el duelo es un proceso. No hay solución ni palabras mágicas. No es lo que alguien te diga, sino quién eres en realidad.

Rodéate de una comunidad. Ten distracciones y también amistades profundas que te escuchen. Procura las conexiones con personas que te han hecho bien. El amor que tuviste alguna vez también merece un duelo: vívelo. Menciona el nombre de tu expareja y escucha con qué tono e intención lo pronuncias. Que no haya enojo ni añoranza. Tu dolor actual no te define. Eres más que eso.

Sé gentil contigo mismo. Estás experimentando un duelo, pero tú no *eres* un duelo. Todo pasa, y hay que honrar ese amor que se terminó extrayendo aprendizaje de él. No saliste de esa relación siendo la misma persona, debes emerger más sabia, más consciente y empática.

Revisa tus maletas; si te bajaste del tren, no cargues rencor ni drama. Fluye. La vida se encarga de lo demás. Al final no todo fue malo, pero si ya no podías seguir ahí, tus razones son siempre válidas para ti, no esperes que lo sean para todos. Toda salida es también una entrada. Recuerdo que al final de un concierto extraordinario de Adele, la cantante inglesa, en Las Vegas Nevada en 2022, aparecía un gran letrero que decía: *The Beginning* (el comienzo).

Nuestra capacidad de cambiar el futuro puede que venga de lo que no podemos cambiar de nuestro pasado.

Rebeca Rashid y Olga Khazan

¿LOS HIJOS
UNEN O SEPARAN?

Los hijos son como el cemento
entre los ladrillos; es lo que une,
pero también lo que separa.

ANÓNIMO

Con la llegada de los hijos, un viento fresco lo renueva
todo, pero muy pronto ese aire se va acabando, las nubes
que te cobijaban se mueven para dejar un sol implacable
de trabajo y mal dormir. Claro que estás feliz de tenerlos
y eso te da energía, pero no dormir bien va mermando
tus fuerzas. Estás en el verano de tu vida y, en el verano,
se suda.

Ninguno de los dos padres siente que tiene tiempo
para sí mismo. No olvidemos que aun las grandes ganancias, como los hijos, llevan implícitas algunas pérdidas.

En algún lugar de las reglas impuestas por la sociedad, pareciera estar escrito que al tener hijos debes renunciar a una parte de tus sueños. Para mí, el amor jamás será un sacrificio. Hay cuentas por pagar, se trabaja más, pero no se renuncia a lo que has querido ser como persona para ser papá o mamá. Si así piensas, mejor no los tengas, porque les pasarás la factura de tu infelicidad tarde o temprano.

Los hijos pueden ser el motivo por el que una pareja permanezca junta, porque priorizan el concepto *familia* más que solo la relación de dos. Si cuando se termina el amor decides quedarte por ellos, es válido, cada caso es un universo propio, pero jamás se los eches en cara. Te quedaste porque así lo decidiste, no porque ellos te lo pidieran o porque tuvieras amarradas las manos. La mayoría de los hijos preferirían, si les dieran a escoger, unos padres separados pero felices que juntos a gritos y sombrerazos, infelices.

Cuando hay niños pequeños todo hogar se vuelve una casa de locos. Comienza el tiradero, las diferencias en la educación de los hijos, fricciones casi todo el tiempo. Hay mucha presión por hacer las cosas bien, cuando a veces no sabemos en realidad ni lo que estamos haciendo. Nadie nace sabiendo ser padre o madre; a serlo nos enseñan los hijos.

Pero hay algo claro: ni todo el aburrimiento viene con los hijos ni los hijos son los culpables de ello. Cuando estás en pareja, debes de preguntarte constantemente si es fácil vivir contigo o no. Tú estás acostumbrado a ti, tu estilo, tu comodidad y tus formas, pero el grave error es que al principio de estar con alguien no le dices lo que te incomoda. Te muestras tímido y complaciente.

Le pasas todo y después ya no sabes cómo abordar el tema. Es responsabilidad de cada quien tener una curiosidad compasiva con respecto al otro; cómo se siente, si le siguen pareciendo oportunos los mismos comentarios, si hay peleas por temas repetitivos, entre muchas otras cosas más.

Nos dividimos tareas para poder cumplir con todo. A ti te toca uno y yo el otro, tú lo llevas, yo lo recojo. Tú ve, yo me quedo. ¿Y juntos, cuándo?

Esther Perel, psicoterapeuta belga, experta en terapia de pareja, felizmente casada y con dos hijos (para que sepas que no habla solo desde la teoría), escribió un libro llamado *Inteligencia erótica*, en el cual plantea la dificultad de vinculación cuando un tercero (el hijo, no el amante) constituye una amenaza:

Tener un bebé es una revolución psicológica que cambia nuestra relación con casi todo. Las prioridades cambian, los roles se redefinen y el equilibrio entre la libertad y la responsabilidad experimenta una profunda revisión. Literalmente nos enamoramos de nuestros bebés, y como ya descubrimos una vez con nuestras parejas, enamorarse consume mucho tiempo y hace que dejes todo a un lado.

Esta vez lo que se hace a un lado es la pareja, y no solo cuando los hijos son pequeños. Pasa el tiempo y la prioridad siguen siendo ellos: sus eventos, sus compromisos, sus horas de llegada, sus permisos, etcétera, etcétera.

A la pareja le toma tiempo y paciencia restablecerse y priorizarse. Los hijos son maravillosos y en ningún momento pretendo culparlos de nada; somos los padres los que no entendemos que empezamos esta familia juntos, y juntos —y solos— habremos de quedarnos cuando ellos partan para hacer su vida. Si no fomentamos la convivencia, salir, divertirnos y seguir conociéndonos como pareja, la partida de los hijos nos dejará viviendo con un completo extraño y aterrados con un síndrome del nido vacío. Se le denomina así a la sensación de que ha terminado tu labor de padre o madre y los hijos han dejado de necesitarte tanto. Es el momento en el que salen de casa a estudiar o a vivir su vida y la pareja vuelve a quedarse sola, como al principio. Debemos aceptar que es parte del ciclo vital de la familia y no ver con terror el hecho de volver a ser dos en casa. Finalmente, no criamos águilas para que vivan en un corral.

Cuidado con las alianzas en vertical. Está bien que los hermanos se unan y se hagan cómplices incluso en contra de los padres, porque son pares y debe haber hermandad entre ellos. A esto se le llama una alianza horizontal, pero cuando un padre o madre se alía con un hijo en contra del otro progenitor se desequilibra toda la ecuación. Los hijos deberían de ver en los padres un frente común y los padres deben ser solidarios el uno con el otro, apoyarse para que se respeten las reglas de una casa.

Los hijos llegan a una pareja y no al revés, enseñémosles desde muy pequeños que nosotros también tenemos tiempos y necesidades. Si mantenemos sólida la construcción familiar, ellos mismos agradecerán siempre por ese techo que les hemos provisto mientras sus alas estaban listas para volar.

ANTES DE CONTINUAR

Si realmente consideras que estás en una relación que puede ser salvada con trabajo, dedicación y el compromiso de ambos, pasa a la siguiente página.

Por el contrario, si estás viviendo una separación o tienes la seguridad de que debes terminar una relación, por favor, continúa tu lectura en la página **118**.

¿Qué puedes hacer para salvar la relación?

Cuidado con volverte «pura madre», suena feo, pero es tan fácil engolosinarte con ese pequeño ser que trajiste a la vida que, sin darte cuenta, te olvidas de todo lo demás. Al desbalancear la relación que tenías y ser más mamá o papá que pareja, estás poniendo en peligro a la familia entera.

Administra tu energía para tener algo de intimidad con tu pareja. Cambiar pañales, dar baños y paseos y cuidar de los hijos todo el tiempo puede agotarte al grado de ver tu cama única y exclusivamente como cancha de recuperación y no de encuentro sexual.

No seas demasiado permisivo con los hijos, todo comienza con permitirle dormir en tu cama una noche y luego ir cediendo en todo lo que quieran. Pareciera que los padres temen perder popularidad con sus hijos, pero piensa una cosa: tu hijo siempre será tu hijo y tu pareja no siempre lo será si no la procuras y conservas.

Establecer horarios y límites amorosos cuidará de tu balance familiar. No es ser drástico ni duro, es ser conciso y claro. Cuida el orden, que el orden te cuidará.

Busquen como pareja espacios seguros donde puedan hablar y decir cómo se sienten sin que esas confidencias luego sean motivo de reclamo o recriminación. Nada de lo que digas deberá de ser usado en tu contra.

No pongas a tu pareja a escoger entre los hijos y tú, siempre vas a perder. Si te enojas no le digas: «*Tus* hijos hicieron...» y, cuando te sientas orgulloso, no digas: «*Mis* hijos lograron». Así como son nuestro orgullo más grande, lo hijos deben de ser también nuestra promesa más firme de darles un mundo sólido que no colapse porque sus papás han dejado de quererse.

Cuando los hijos crecen, hay más motivos de fricción y conflicto en la familia. Se pierde esa rutina en la que los despiertas temprano, los llevas y traes todo el día, les sirves de comer, los mandas a dormir, en todo están y opinan hasta de lo que no saben. La casa entera gira en torno a sus horarios y necesidades, y la pareja puede estar llevando un camino divergente más que paralelo. Si no trabajas la intimidad, la comunicación y la convivencia entre pareja, una vez que los otros se vayan de casa a estudiar, a viajar o hacer su vida, te quedarás viviendo con un completo desconocido.

Con hijos adultos el tema de los pleitos sigue siendo igual, si tu pareja ataca, pelea o descalifica a tu hijo, es casi seguro que buscarás apoyar a tu retoño. Se siente una gran responsabilidad como madre o padre ver el carácter que muestra un hijo; sin embargo, no todo lo que hacen es consecuencia directa de nuestra influencia, aunque para ti resulte imposible dejar de sentir que debes protegerlo. Cuidado con los sistemas familiares en los que los roles no están bien definidos y los hijos mandan, porque en esos casos no es que los padres pierdan, es que los hijos viven angustiados. ¿Si yo soy el que controlo todo, quién me cuida a mí?

Recomendaciones para vivir tu duelo

Recuerda que no fueron los hijos los que los separaron, ellos no tienen esa facultad. Fueron ustedes los que no supieron lidiar con las cosas. No te desquites con los niños, ellos no tienen la culpa si se parecen a su padre o son igualitos a su madre, nunca se los eches en cara. Temo recordarte que tú fuiste quien les escogió ese padre o madre, no ellos.

Ahora que la pareja se disolvió, debes tener claro que seguirán en contacto por los hijos; habrá que ser civilizados, con el tiempo pueden llegar a ser mejor expareja que la pareja que formaron en su momento.

Estás en un proceso de renacimiento para lo que es tu familia. Deja ir la vida anterior y abraza tu nueva realidad. Cada quien tiene su propia relación con la pérdida, con el miedo a los finales y con la repetición de patrones familiares. Esta no es una separación más en la familia; es tu separación o tu divorcio, y merece toda tu atención. Recuerda que, si tú estás bien, tus hijos lo estarán también, pero tienes que priorizar su bienestar a tu coraje o deseos de venganza, si los hay.

No hay manera de evadir el dolor, se tiene que atravesar. Habrá desorientación y adaptación. Ten paciencia y mucha comunicación con tus hijos para que las cosas no se salgan de control. Recuerda que un niño que se siente mal, se porta mal, y buscamos evitar eso a toda costa.

Este cambio los llevará a evolucionar como individuos y como familia, enfréntalo sin miedo y con actitud. Bajo ningún concepto les hables mal a tus hijos de su padre o de su madre si es el caso, eso solo generará en ellos resentimiento hacia ti.

No alimentes sus fantasías de que la familia volverá a estar junta bajo el mismo techo, todos los hijos de padres separados atraviesan por esos pensamientos.

No te justifiques por haberte separado, tú estás buscando ser feliz y esa búsqueda legítima es el mejor regalo-ejemplo que puedes darle a un hijo. Dales la paz de saber que la felicidad de su mamá o papá no depende de ellos. Sería mucho peso para sus hombritos.

Habla con tus hijos según su edad. Y tu pareja y tú estén pendientes de todo lo que vaya surgiendo. Cada sentimiento debe ser atendido. Veamos de frente a nuestra sombra, en lugar de huir de ella. Debemos estar presentes y reconocer los detonadores de enojo, berrinche o frustración que podamos sentir.

Todas son oportunidades de aprender sobre nosotros.

La culpa no ayuda si no es más que para reparar. Deja de pensar que les quitaste su papá o mamá a tus hijos, según sea el caso. Has hecho lo mejor que has podido con los recursos que tienes y las circunstancias en las que estás, sin pretender jamás dañar a tus hijos.

Busca ayuda si has perdido un poco el rumbo de tu vida. Te recomiendo leer *Convénceme de vivir* y también *Cómo curar un corazón roto*, cuyo capítulo dos te ayudará a tratar el tema de la pérdida con los niños, según la etapa en la que se encuentren. Siempre hay recursos y caminos, recórrelos todos.

Mantén un corazón abierto a tus reacciones y un corazón suave ante las de los demás. Si puedes manejar tu «desorden», podrás con el «desorden» de los tuyos. El duelo es un cambio que no pedimos ni deseamos, pero que está ahí. El duelo es un reflejo de la conexión que se perdió, aunque fuera una conexión negativa. Nunca sufrimos por personas que nos son indiferentes.

Duelamos al mismo tiempo la relación que tuvimos y la relación idealizada que hubiéramos deseado tener. No compares tu pérdida con la de nadie más, las comparaciones siempre traen infelicidad.

Duelo es lo que sentimos por dentro y luto lo que hacemos por fuera. No hay un protocolo que debas seguir para no subir fotos con nuevas personas a tus redes sociales o empezar a tener citas. No hay reglas ni tiempos de espera, pero usa tu sentido común y jamás hagas algo buscando lastimar a otro. Desde el lugar donde uno haga las cosas, regresarán a nosotros: amorosas o tortuosas.

Un día a la vez.

AMORES QUE NACEN MUERTOS

Lo más complicado de un amor
no correspondido es aceptarlo;
mientras que lo más difícil
de un desamor es sobrevivirlo.

George Pellicer

Hay amores que nacen muertos. Sin esperanza. Estos amores se dan entre personas que no son libres, porque la condición sin la cual el amor verdadero no puede existir es la libertad.

Me refiero también a esos amores imposibles o platónicos: un maestro, el jefe, una prima, el artista de moda o una gran figura, alguien que no sabe de tu existencia o no te mira con los mismos ojos. En casos así, estás condenando tu amor al cementerio.

El enamoramiento es ciego, impulsivo, poco juicioso y arriesgado. El amor no tiene por qué ser así. Y no es que le quite toda la diversión a una relación y la vuelva solemne y llena de obligaciones, pero sí las tiene. Son compromisos de amor que adquirimos voluntariamente y que implican consideración, respeto, apertura y honestidad.

Además de los platónicos, existen también otros amores que nacen muertos. Son aquellos que se cimientan sobre las bases de haber dañado a alguien más, haber pasado por encima de otro para lograr lo deseado o simplemente porque ese amor no es correspondido.

Te platico un caso muy triste que recibí en mi consultorio una tarde que pintaba para ser tranquila y resultó tormentosa:

Fer empezó a trabajar en la notaría en 1999. Desde el primer día que conoció al señor notario quedó impactada con su voz y amabilidad. Fer se desempeñó bien en la oficina y escaló al puesto de secretaria particular del jefe. Ella se volvió indispensable para él en el trabajo, lo ayudaba de más y pronto se volvió su mano derecha, pero una mano, por fundamental que sea, no es el corazón.

Jamás hubo motivos para que Fer creyera que él quería una relación afectiva con ella. Fernanda sabía que era casado y padre de dos niñas de quienes siempre hablaba con profundo cariño y admiración. Entre mejor padre mostraba ser, mayor era la fantasía de ella de que algún día compartieran la alegría de ser padres juntos. Entre mejor esposo se mostraba, mayor el deseo de ella de tener a ese hombre fiel y respetuoso como pareja.

El trabajo en la oficina era mucho y pasaban largas jornadas juntos. Cuando se quedaban tarde a trabajar, él pedía comida para los dos y cenaban sobre el escritorio, rodeados de papeles. Para ella, esas eran sus cenas juntos, mientras que para él solo representaban la mínima atención con alguien a quien estás haciendo trabajar horas extra. Aquellas noches en las que terminaban de trabajar después de que el metro ya había cerrado, él le pedía un taxi y si no había carros disponibles (cosa por la que ella rezaba), entonces él la llevaba a casa. Exhaustos de un largo día de trabajo, no platicaban en el trayecto, si acaso él llamaba a su esposa para avisarle que nada más dejaba a Fernanda en su casa y ya iba para allá. A veces el jefe encendía la radio para hacer menos incómodo el silencio, si se repetía una canción en más de una ocasión, Fernanda la llamaba «nuestra canción». El notario ni se lo imaginaba.

No hubo promesas ni planes conjuntos, solo una enorme necesidad de afecto de Fernanda y su gran imaginación, donde el cuento de la Cenicienta versión notaría se desarrollaba.

Un día, cansada de estar tantos años en esta situación, decidió abrirse de capa con él para propiciar lo que, según ella, sería un acercamiento que ambos deseaban por igual, pero que su timidez no les permitía concretar. Eligió una de esas noches de trabajo. Se armó de valor y le dijo: «Licenciado, tenemos 22 años de conocernos. Si quiere, ya puede besarme». La cara atónita del licenciado, que había visto en Fernanda a una empleada ejemplar, casi hada madrina de sus hijas, a quienes había visto crecer y para quienes elegía los mejores regalos, se desfiguró. Seguro de jamás haber dado pie para que ocurriera algo así, tramitó un finiquito justo para sus años de servicio y despidió a Fernanda.

Al llegar ella a terapia, Fer me dijo que quería consejería tanatológica porque su relación había terminado. Después de conocer su historia, tuve que decirle que su relación amorosa nunca existió. Sé reconocer un cadáver cuando lo veo, aquello no lo era. Estábamos frente a algo que nació y vivió más de 20 años en su cabeza, sin esperanzas de ser real. Ella le había dedicado tantos años de energía y esfuerzo que no quería resignarse a virar de objetivo sentimental en su vida. Si al final terminaban juntos, todo habría valido la pena.

Es tan grande nuestra ilusión por una pareja, estamos tan contaminados por la fantasía de amor, que creemos que con uno que luche por ese «amor» o aguante lo indecible, al final tendrá su recompensa.

Le pedí una sola cosa a Fer:

Abre los ojos, lee la realidad con la evidencia que tienes y no con las ganas que te poseen. El amor es de dos; el platónico, admiración y el imposible, tortura y no romanticismo.

Ella se resistió mucho, alegó y se quejó como no lo hizo en 22 años en aquella oficina. Mi consultorio representaba un espacio mucho más seguro para hacerlo. Al final lloró mucho y la abracé. Un tanatólogo puede permitirse un grado de afectividad y cariño al que otros profesionistas de la salud emocional se niegan. Fue una sola sesión, se fue con la enorme tristeza de darse cuenta de que aquello había sido un disparatado intento de tener algo que no era posible con su exjefe, y al final lloró por algo que nunca había sido. Diría Mario Benedetti: «Esto debe sonarte a campana rota». Dice Gabriel Rolón, psicoterapeuta y escritor argentino, que nada se parece más a la muerte que un «no te quiero».

Te platico otro caso que elijo de entre muchos, ya que amores silentes y clandestinos hay millones, en igual cantidad que hombres y mujeres profundamente solos y tristes, aunque estén en pareja.

Linda y Daniel llevan seis años de relación furtiva. Él es casado y, aunque al principio hizo promesas y dijo todas las cosas correctas para que ella cediera a sus encantos, hoy es muy claro que jamás dejará a su esposa. Que Linda siga con él, a pesar de sufrir decepción tras decepción, mentira tras mentira, obedece más a una necedad y a la voluntad de encontrarle sentido a lo que ha hecho todo este tiempo. No puede con la realidad de haber desperdiciado esos años sin esperanza real de sacar de las sombras a ese «amor».

El amor requiere de una condición *sine qua non* para existir: la libertad. Si las personas no son libres, no pueden amar de verdad. Y para algunos, como decía Luis Cernuda, poeta español de la generación del 27: «Libertad no conozco sino la libertad de estar preso en alguien». Claro, las personas están en todo su derecho de decidir algo así, pero deben reconocer que esa relación es una atracción, un capricho, un enganche, pero no un amor sano, presumible y enaltecedor. Crees amar, lo aseguras porque te han enseñado que quien ama lo da todo sin esperar nada a cambio. ¡Qué versión tan victimizada del amor!

Linda me compartió una carta que le había escrito a Daniel después de su primer encuentro sexual, en un hotel, cerca de la oficina de ambos. Al leerla, descubrí no a una mujer de 41 años que ha abandonado la esperanza de ser mamá, sino a una niña de 16 años enamorada del amor. Ella me permitió compartirles textualmente aquel mensaje tan romántico, ideal y tan soñador que estoy segura de que te hará recordar a tu yo de hace unos ayeres.

Daniel:

De pronto, ahora que no estás conmigo, he encontrado el valor, el coraje suficiente para decirte lo que me pasa muy dentro. Te amo y tengo miedo, las dos cosas van juntas siempre y hoy que no estás aquí no hacen más que sacudirme la cabeza y hacerme pensar en ti. No solamente te pienso, te siento si cierro los ojos.

Pienso en el tiempo tan breve que hemos estado juntos, los segundos que te atreves a tocarme y las muchas horas que anteceden ese instante. Quisiera, Daniel, que supieras con tu piel lo diferente que te amo ahora. Cómo la chica que conociste y que se enamoró de ti es ahora una mujer que quiere amarte distinto. Que busca, que propicia y que llora cuando tú no estás. Una mujer que aún no comprende por qué esta inquietud todo el tiempo. Este sentirme extraña y sola, este desesperado anhelo de estar en tus brazos, que no hay nadie más, que está bien estar juntos. Que es lo correcto. Daniel, no estás y por eso lo escribo, porque si estuvieras te besaría y esperaría como siempre que adivinaras lo que no puedo decir. Te quiero como no sabía que podía quererse y quisiera que tú propongas compartir esto toda la vida. Me pides que escriba lo que ayer sentí, que te repita lo que pasó cerrando los ojos y apretando la pluma. No puedo. No puedo, Daniel, porque para escribir no hace falta más nada que yo misma y para sentir de nuevo tus caricias de ayer, tus manos, tus besos, tu respiración, te necesito a mi lado. A mi lado para revivir con emoción, con miedo y ese temblor que para mí sacudió al mundo entero. Me pides que escriba, te pido que estés aquí y tal vez en lugar de letras escribamos besos otra vez.

Linda

Con infinito respeto a quien escribió esa carta, te pido que te des cuenta de qué sentiste al leerla. Te platico que yo, a mis 57 años, encuentro en ella eco de mis primeras letras. Sí, Gaby tanatóloga también fue romántica y soñadora. Hoy veo *reels* de viejitos en Instagram llevándose el desayuno a la cama, bailando o caminando juntos de la mano y pienso que eso es el verdadero amor: un amor que se queda, lleno de compromiso elegido y de voluntad de cuidar y proteger.

Amar es hermoso y lo que Linda siente es real, pero puesto en la persona equivocada. Lo trágico aquí es que ese amor va a significar muchas lágrimas, para ella, para él tal vez, para la esposa o los hijos de él, en fin, no debería de ser así. Y ya sé que me van a decir que uno no escoge de quién se enamora, es cierto. Pero uno sí escoge con quién tener relaciones sexuales. Tal vez como mi mamá me dijo algún día: sentir está bien, pero consentir no.

Responde el siguiente dilema: si alguien que te ama y a quien amas te pidiera que hicieras algo que no fuera bueno para ti, que te denigrara, ocultara o menospreciara, ¿lo harías?

La respuesta correcta es que alguien que te ama realmente jamás te lo pediría.

Si alguien te pide que te ocultes, que esperes, que no seas protagónico en tu propia vida, no te está ofreciendo amor. Te está asegurando desencanto.

ANTES DE CONTINUAR

Si realmente consideras que estás en una relación que puede ser salvada con trabajo, dedicación y el compromiso de ambos, pasa a la siguiente página.

Por el contrario, si estás viviendo una separación o tienes la seguridad de que debes terminar una relación, por favor, continúa tu lectura en la página **130**.

¿Qué puedes hacer para salvar la relación?

Nada, no hay absolutamente nada que puedas hacer porque no hay nada que salvar. No es una relación, es algo mucho más parecido a una obsesión que no conviene conservar. Mereces pasar tus cumpleaños con alguien, contar las campanadas de la Nochevieja juntos comiendo uvas, pasear por la calle tomados de la mano a plena luz del día. Mereces subir tus fotos a redes sociales con él sin esconder nada. Yo digo que lo mereces, pero ¿tú qué dices?

Recomendaciones para vivir tu duelo

Ya no es momento de arrepentimientos. Lo peor que puedes hacer es permanecer enojado contigo. Ahora es cuando requieres de ti, no te abandones. Ya se terminó esto, así que recoge los pedazos de tu corazón y sigue adelante. Haz una lista de aciertos y otra más con tus áreas de oportunidad. La vida se mira hacia adelante y, como adulto que eres, asume el riesgo que corriste. Un dicho mexicano dice que «lo bailado ni quién te lo quite», así que no manches los buenos momentos que existieron llenándolos de reproches y lamentaciones. No todo fue malo, de serlo, te hubieras ido mucho antes.

Ahora corresponde la verdadera reflexión. ¿Qué te llevó a aceptar un acuerdo así? Fácilmente podrías concluir que la respuesta sería baja autoestima, pero no en todos los casos es así. ¿Por qué te convendría no estar comprometido y buscar parejas inaccesibles? ¿Te viene bien ese papel? ¿Será que estás tratando de probarle algo a alguien? Si eres honesto contigo mismo sabrás si eso es lo que quieres, no te juzgo, porque eres honesto. Te respeto, solo no quiero que acabes haciendo lo que alguien más quiere y lo priorices por encima de tus propios deseos.

Tú puedes ser una flor y seguir perfumando donde quiera que estés, incluso debajo de la suela de alguien que intentó pisarte.

Por supuesto que uno se puede recuperar de cualquier tipo de duelo, esa es mi más firme creencia como tanatóloga. Toma tiempo y nadie debe de decirte cuánto. Cada duelo es particular y, a la vez, una experiencia muy íntima. Lo importante es no quedarte detenido. Avanza a tu paso, pero no te detengas. La vida es una escuela, así que nada te recrimines. Si ya lo supiéramos todo, ¿a qué venimos a esta vida entonces?

Estar aferrado a un amor que no puede realizarse es un mal hábito. La única manera de romperlo es deshacerte de tus patrones habituales y conductas recurrentes.

Necesitas hacer ejercicio intencionado, es decir, ponerle una intención a la práctica de movimiento que tengas: «Aquí estoy dejando mi enojo», «Aquí estoy corriendo mi tristeza», «Aquí canalizo toda mi frustración», etcétera.

Bebe más agua. Si quieres pensar con claridad y reconocer bien tus sentimientos debes mantenerte hidratado. Puede parecerte algo muy sencillo, pero quiero que te hagas cargo de ti, y vigilar que tomes suficiente agua es un sano comienzo.

Vete a la cama más temprano. No te quiero dando vueltas en ella pensando las mismas cosas de siempre, quiero que le des una importancia capital al sueño para poder pensar con claridad. Créeme, nunca has necesitado pensar tan claro como ahora.

Trabaja menos. Llenarte de trabajo o mantenerte ocupado todo el tiempo no te ayudará. Por el contrario, hará que tus emociones busquen cualquier pretexto para manifestarse de manera explosiva. Debes darles espacio a tu dolor y tu trabajo de duelo; si llegas extenuado a casa, ¿cómo podrías hacerlo?

Busca tener más conductas que te ayuden a gestionar el estrés, que te permitan liberar energía por periodos cortos de tiempo, como el ejercicio, la meditación, la contemplación, el arte y la risa franca.

Intenta algún *hobby* nuevo, sal a pasear a tu perro o visita páginas web de desarrollo personal. Lo importante es darle tregua a tu dolor.

Trabaja en aquello que has estado tratando de evadir, eso que te quita la paz. Ese es el camino correcto.

Suelta la ilusión de que tienes cierto grado de control sobre la situación: no lo tienes.

Debes enamorarte de la realidad, que es lo opuesto a lo que quisieras que pasara, pero es lo que hay.

Trata de ser responsivo y no reactivo ante todo lo que te ocurra. Estás muy frustrado y el peligro es quedarte atrapado en la segunda etapa del duelo: la rabia. Los cambios te ayudarán; considera buscar un nuevo empleo, alejarte de los sitios donde se veían, deja de seguirlo en redes sociales y mantén un contacto cero con esa persona. Piensa qué es lo que necesitas que pase para poder soltar y tener una buena transición hacia posibilidades más viables en tu vida sentimental. La vida está hecha de cambios; respira y con cada exhalación imagina que sueltas.

Tú puedes cambiar tu relación con el dolor abriéndote a él, poniéndole atención en lugar de tener prisa por que se vaya. Quédate en la tristeza hasta asegurarte de que has extraído un significado de ella.

Atestigua tu dolor en lugar de desconocerlo o negarlo. Darte cuenta de tu sufrimiento no es sufrir más, sino comenzar a entender las lecciones que trae consigo. Nada en la vida es negativo, eso es solo la connotación que le damos. Tu reacción desmedida ante algo ajeno son tus propios temas inconclusos manifestándose.

Hay cinco emociones naturales: miedo, culpa, enojo, celos y amor, prepárate para sentir todas ellas en el duelo. Las emociones quieren saber si puedes entender el lenguaje en el que te hablan. Si no las escuchas, te gritarán mediante somatización, es decir, se mostrarán en tu cuerpo como gastritis, colitis y otros *itis*.

Duelar es natural, un regalo de la vida para que dejes de mentirte y conozcas tu verdad y de lo que estás hecho. Lo malo con este tipo de duelos es que se viven de forma muy silenciosa. Se les conoce como duelos silentes o ilegítimos porque pareciera que la sociedad no te da la contención social ni el apoyo que otras pérdidas como la viudez o la orfandad reciben. Si el amor es real, el dolor es real.

Casi no hay apoyo para las pérdidas afectivas. Los tanatólogos tenemos que crear un espacio seguro en el que se hable de estos duelos sin juzgar. No hay buenos ni malos en el amor. Son experiencias humanas y cada final también es un acto social, así que recibámoslo como tal. Con profunda reverencia a la vida humana y sus dolores te digo: no te resistas, pasará.

LO QUE NO VISTE VENIR

Lo nuestro no ha sido un fracaso,
sino algo mucho más horrible:
un éxito malgastado.

Mario Benedetti

En la vida existe lo buscado obtenido, lo buscado no hallado y lo dado no pedido. Cuando sucede esto último, cuando el universo pone frente a ti algo que no deseabas, que sientes que no merecías y que, sin embargo, llegó como un intruso a mitad de la noche, tienes que echar mano de todos tus recursos internos. Conviene revisar que esto no caiga sobre heridas no sanadas del pasado, que no lo conviertas en algo histórico: «A mí *siempre* me pasan estas cosas», «*Toda la vida* me ocurre lo mismo», «Es *clásico* en mí que me suceda esto», etcétera.

Tampoco lo vuelvas algo histérico: «¡No es justo!», «¡No se vale!». Yo siempre digo que cuando algo es histérico, es histórico; es decir, hay una historia detrás que te hace reaccionar de esa manera.

Nuestros sentimientos son naturales, parte integral de ser humanos. Cada sentimiento tiene un objetivo; existen por una razón y debemos observarlos. Tienen un uso y un beneficio. Expresar los sentimientos es bueno, pero no cuando se hace como una explosión volcánica. Dices cosas que tal vez sientes pero que pueden acabar en violencia innecesaria. Te lo explico y te platico un caso de separación que atendí en consulta. Se trató de un duelo complejo porque todavía quedaban muchos sentimientos involucrados y el trabajo estructural consistió en un fortalecimiento de autoestima.

El *hubiera*, más que ser una forma de ver tu pasado, puede ser una manera de aprender y tejer diferente tu futuro.

A veces se te acaban las ganas de querer, pero otras veces te las matan. Ese «asesinato» es siempre repentino, imprevisto. ¿Prevenible? No en todos los casos, porque el asesino tiene voluntad, inconsciencia, dolo o debilidades, y todos pueden afectarte irreversiblemente.

Laura y Ramiro tenían ocho años de matrimonio, una muy bonita relación llena de cordialidad, apoyo y detalles. Se mandaban mensajes de voz y texto todo el día. Para todo se consultaban y notificaban. Ella siempre le preguntaba a él en los restaurantes cuál era el segundo platillo que más se le antojaba para pedirlo ella y así él pudiera probarlo. Antes de dormir, rezaban juntos y se deseaban buenas noches. Hasta que una de esas noches no fue tan buena.

Ramiro había salido a tomar unas cervezas con sus amigos y no había contestado ninguno de los 20 mensajes que ella le había escrito. Regresó en la madrugada, bastante tomado, y Laura estaba despierta esperándolo, muy preocupada.

—¿Dónde estabas? Estaba muy angustiada —le dijo—. Te mandé muchos whatsapps y no tuve respuesta, pensé que te había pasado algo.

—Sí, sí me pasó algo —contestó el—; me harté, eso me pasó. Me tienes hasta el cepillo con tus mensajes todo el santo día. ¡Parece que no puedes hacer nada sola! Yo quería una esposa adulta, no una niñita que no tenga gustos propios y no sepa ni qué pedir en un restaurante.

Ramiro gritaba, le hizo mil reclamos y mostró en todos los lenguajes posibles su descontento y hartazgo.

Laura escuchaba triste y sorprendida. Con esa tristeza profunda que te cala hasta los huesos y te roba la voz, y con esa sorpresa asesina que te anuncia los funerales de tu relación.

No hablar de lo que no nos gusta, nos provoca o nos molesta es la causa número uno de explosiones emotivas en la convivencia de una pareja.

Ramiro había dejado de creer en la iglesia e incluso de tener fe hacía unos años y, sin embargo, seguía rezando con ella todas las noches por no echarse ese pleitecito. Esperaba una mujer decidida y segura y encontraba en su Laura a alguien dispuesta a sacrificarse con tal de complacerlo. Al menos eso creía ella, que le daba gusto pidiendo milanesa cuando en realidad prefería pescado.

No hablar te hace recorrer caminos divergentes, de desencuentro y frustración. Ella también estaba en desacuerdo con muchas cosas, pero no sabía cómo hablarle a Ramiro de esas salidas con los amigos hasta tarde, su manera de tomar y otras más, y eso fue deteriorando su relación. Sin embargo, el «crimen» sucede el día que, envalentonado por el alcohol, se dicen cosas que no pueden desdecirse, que se clavan como puñales en el corazón de una persona y causan una herida que no cerrará. ¿Cómo retractarte cuando hablaste desde lo más bruto, sin filtro, pero desde lo profundo de tu corazón?

No puedes alisar una hoja de papel después de haberla picoteado con un lápiz, podrás borrar los puntos, pero la textura del papel jamás volverá a ser la misma. La bomba está echada y no puede regresarse el tiempo. En los oídos de Laura permanecerá por siempre que su marido la haya llamado infantil, dependiente e inútil. Así lo sintió ella. Igual que en otras parejas, Laura ha escuchado que él no puede estar con ella en la intimidad porque huele mal. Otros han escuchado que son fracasados, buenos para nada. Palabras como «te odio», «no te soporto», «eres horrible» y otras ofensas más acaban de golpe con la posibilidad de un borrón y cuenta nueva en la relación.

Algunas veces queremos reparar una relación, perdonar y seguir adelante, pero esto es sumamente difícil, porque el ser humano no puede *resetearse* al cien por ciento; nuevo no va a ser, será el mismo con ganas de intentarlo otra vez. Cambiamos, es cierto, pero no modificamos nuestro temperamento. Podemos pulir las formas, pero quien vive contigo bajo el mismo techo conoce tus verdaderos colores, no importa cuántas capas de barniz te pongas.

La violencia es el arma asesina. Verbal, física o emocional, en cualquiera de sus manifestaciones le roba al amor la posibilidad de manifestarse, de expresarse y de poder ser. La violencia asesina al amor que tenías pensado.

El ser humano tiene la capacidad de pensar antes de actuar, de reflexionar antes de hablar y de pensar dos veces antes de herir a alguien. ¿Por qué lo hacemos? Porque abusamos del poder y la fuerza que nos ha dado el otro. Acabamos odiando a quien no se respeta a sí mismo y no nos pone límites.

Te comparto otra historia: Bruno comenzó una relación amorosa con Pedro aun viviendo con Matías, quien más tarde sería mi paciente y con el que trabajaría no solo la infidelidad de la que había sido objeto, sino lo mal que se sentía por haber llegado a rogarle a Bruno que se quedara.

Las cosas no iban bien desde hacía un tiempo, pero, como sucede muchas veces, en aquella relación los enojos se actuaron en lugar de hablarse. Matías revisó el celular de Bruno sin su permiso y descubrió unas fotos de Pedro. Su mundo se colapsó al instante; más tarde confrontó a su pareja abiertamente. Bruno, experto en evitar conflicto desde siempre, no quiso pelear y solo le dijo que, si ya lo había descubierto, pues lo sentía, pero que se iría de casa.

—No te vayas —le suplicó Matías—, podemos arreglar esto.

—No, no podemos —respondió Bruno, tajante—. Tú jamás vas a olvidar lo que pasó. Nuestra vida juntos será un infierno y aprovecharás cada minuto de nuestra relación para echármelo en cara. Me voy.

—Por favor, espera. Podemos ir a terapia.

—No quiero ir a terapia, no vamos a poder arreglar esto. Me iré esta noche.

—Te ruego que no te vayas, Bruno, es más, puedes seguir viéndote con Pedro, solo te pido que seas discreto.

Bruno solo le respondió:

—No me hagas acabar odiándote, me iré ahora mismo.

Matías se le fue a los golpes. Desesperado, humillado, herido, recurrió a lo único con lo que en ese momento podía ganarle a Bruno. Después de unos minutos de batalla campal, rompió en llanto mientras Bruno recogía en una mochila un par de cosas y salía de la casa, azotando la puerta tras de él.

La agresividad y la violencia dejan cicatrices, en la piel y en el alma. Nadie debe pegarle jamás a quien ama. No deberíamos de golpear a nadie, pero cuando se trata de defender a quien amamos o a nosotros mismos, creemos que hay que recurrir al más elemental instinto de supervivencia.

Un niño pequeño muerde cuando ve invadido su espacio vital o siente amenazada su propiedad. En un pleito en pareja, pueden surgir esas agresiones como instinto de defensa y baja tolerancia a la frustración de no poder darse a entender con palabras. Si hay alcohol o drogas de por medio en una disputa, todo se vuelve impredecible y complicado.

El exceso cruza el punto donde no hay regreso.

Te platico un caso que me sorprendió mucho. Y es que algunos finales no se anuncian con letreros neón como cuenta regresiva de Año Nuevo. Pasan y ya, como parte del movimiento perpetuo que es la vida.

Luz y Jaime tenían 15 años de feliz matrimonio. Los amigos los consideraban la pareja más estable del grupo. Nunca los veían pelear y siempre parecían de acuerdo en todo. Jaime era considerado con ella, apoyándola en todo para que pudiera cumplir con las grandes exigencias laborales del despacho fiscal donde trabajaba. Ella, a su vez, lo consentía siempre y lo hacía sentir importante y validado en cada pequeño logro. De verdad que para todos fue un *shock* cuando Jaime dijo en el grupo de amigos que habían decidido separarse. Nadie lo vio venir, creo que ni ellos mismos. Lo que pasó fue que un día Jaime vio una película de un eterno seductor que no quería comprometerse con nadie. En un punto, el personaje decía: «No puedo pensar en hacer el amor con la misma persona el resto de mi vida». ¡Pum! La bomba había explotado en la cabeza de Jaime, que era una persona de pensar más en el día a día y no en función de la eternidad ni del *para siempre*. Él se había jurado no ser como su padre y jamás ponerle el cuerno a Luz, pero en ese momento la idea sembrada de no volver a hacer el amor con nadie más fue demasiado.

El fantasma creció en su cabeza poco a poco, Jaime temía, de manera claustrofóbica, no poder cumplir con sus votos y traicionarse en lo más profundo de sus convicciones. Inconscientemente empezó a boicotear la relación. Solo podía pensar en todo lo que se perdería si seguía con Luz y en cómo el divorcio sería peor mientras dejaba pasar más tiempo. Se convenció de que lo mejor era terminar ahora, en buenos términos, y seguir siendo amigos —eso sí— toda la vida. Luz no entendía nada de lo que ocurría, le cayó como un balde de agua helada que no esperaba ni creía merecer. Sin embargo, fluyó y se separaron. La relación es de dos y no puede forzarse cuando uno tiene demasiadas dudas. Cuando hay duda, no hay duda, eso no está bien.

ANTES DE CONTINUAR

Si realmente consideras que estás en una relación que puede ser salvada con trabajo, dedicación y el compromiso de ambos, pasa a la siguiente página.

Por el contrario, si estás viviendo una separación o tienes la seguridad de que debes terminar una relación, por favor, continúa tu lectura en la página **145**.

¿Qué puedes hacer para salvar la relación?

La medicina preventiva sería hacer una buena selección de pareja. Escoger bien y tomarte tu tiempo en ello; averiguar sobre su historia familiar, sus relaciones anteriores, preguntar por qué terminó con parejas previas. Indaga en su vida y en la tuya; descubre tu nivel de tolerancia. Explora tu capacidad de encontrar soluciones, descubre qué tan rápido te aburres o fastidias de lo mismo. Y ya que elegiste con la cabeza y no solo por la apariencia; practiquen evaluaciones mensuales o trimestrales acerca de su relación. Qué les gusta, qué no está saliendo bien y qué podrían hacer mejor.

Recuerda que quien te advierte que no te enamores de él, lo dice en serio. Hay defectos de carácter que no se quitan, porque obedecen a heridas más profundas e inseguridades añejas en la persona.

De vez en cuando quítale el *zoom* a la situación que estás viviendo y trata de ver tu relación desde fuera, tal como la ven otros. Ciertas conductas pueden ser normales, pero extrañas a los ojos de tus amistades: «¿Por qué se hablan todo el tiempo?», «Qué raro que se manden ubicación y foto de dónde están», «Por qué le pides permiso a alguien que no es tu papá si tú no eres una niña». Escucha y toma otra perspectiva.

Darte cuenta de que el vínculo con alguien se perdió puede ser el punto de partida para que ambos se esfuercen por recuperarlo o dejarlo ir, pero, repito, deben ser ambos. No podemos hacer todo el trabajo si la otra persona es indiferente al proceso.

Para saber si algo es salvable, debes de preguntarte si quieres salvar lo real o lo que has idealizado que podrían ser juntos.

Cuando algo duela demasiado, hazte las siguientes tres preguntas:

1. ¿Alguien más me había hecho esto en la vida?
2. ¿Suelo involucrar más sentimientos de los que debo en una relación? ¿Estiro demasiado la liga esperando mucho del otro?
3. ¿De dónde viene esta necesidad mía de quedar bien con todo el mundo, que nadie tenga nada malo que decir de mí, dejar una linda impresión y la puerta abierta en todas partes?

Antes de irte a una fiesta, escoges muy bien qué zapatos vas a usar. Casi podría asegurarte que el éxito de tu noche dependerá de que hayas hecho una buena elección y estés cómodo con tu calzado. ¿Has estado parado dos horas con unos pies apretados dentro de una zapatilla? Imagina ahora un matrimonio de nueve años. Ya llegó la hora de seleccionar bien tus zapatos mentales.

Recomendaciones para vivir tu duelo

Entender que la verdad de alguien es su verdad, pero no la nuestra ni la verdad universal, es importante. Ese «Eres horrible» debería de incluir un «para mí». Ese «Hueles mal» carece de un «desde mis parámetros de mal olor», y ese «Eres un bueno para nada» necesita de la aclaración «no haces nada de lo que yo quiero y espero». Por eso, conócete antes de esperar que otro te diga cómo eres. Respétate antes de creerles a los demás lo que afirmen de ti. Si sabes quién eres y lo que mereces, jamás te conformarás con menos.

Quien disfruta su autosuficiencia no se sube a un escalón para desde ahí ver hacia abajo a los otros.

Cuando se trata de expresarnos, hay de modos a modos, algo muy sano es decir lo que sentimos antes de que nos salgan subtítulos. No esperar a cuando el volcán haya explotado, sino cuando empiezan las fumarolas.

Si alguien asesinó tu amor, eso no significa que estés muerto. Se metió contigo, pero no en ti. Eso solo sucederá si tú lo permites.

La negación no te deja avanzar. Quisieras regresar el tiempo y que esto no hubiera ocurrido. Desearías no haberle platicado a nadie lo ocurrido, pero ahora ya es tarde, pues los amigos lo saben y opinan al respecto. Perdonar ahora no solo te incumbe a ti; hará que seas juzgado como permisivo, dejada o severo. El duelo nunca es concurso de popularidad, con alguien vas a quedar mal. A alguien no le darás gusto. Solamente procura que ese alguien no seas tú mismo, la variable más importante de toda esta ecuación.

Algunas relaciones duran dos, tres, cinco años; otras, 60. Mueren porque están vivas y ese es el prerrequisito y única verdadera causa de muerte: la vida.

En esa supuesta ley de vida que tanto mencionan algunos como argumento de reclamo por la muerte de un hijo o una persona joven, el amor no debería morir. Qué terrible sería eso que te llevaría a no valorarlo, ni cuidarlo, ni cultivarlo, porque sería como una planta silvestre que no atiendes y ahí sigue. Todo carecería de valor si supiéramos que es eterno y no requiere de cuidados para subsistir.

Todo tiene un límite, hasta el niño que tras 10 horas en un parque de diversiones cae rendido en los brazos de mamá, aunque aún le queden muchas atracciones por vivir. Así la pareja que, en potencia, podría seguir viviendo junta, pero ya se gastó su relación.

Ahora tienes la verdad actualizada de esa supuesta ley de vida; un hijo puede morir antes que sus padres y el amor se agota si no sabe reabastecerse a sí mismo.

Si ya sabes que estar afuera de esa relación te da mayor paz que estando dentro, no te aferres. Tú eres paz, que nadie te la venda.

Tal vez pensarte sin esa persona con quien estás tan acoplado (aunque sus prácticas no sean sanas) es algo que te asusta. Respira, un pensamiento no es peligroso, aunque te hable de peligro.

Prefiero que te rompan el corazón a que se te haga de piedra.

En casos de *ghosting* (la persona simplemente desapareció de tu vida) o terminación sin explicación o justificación, el duelo se complica mucho. Duele porque tú no estabas listo para cerrar esa relación, porque no hiciste nada para que ocurriera, porque no te dieron la dignidad de una explicación o justificación. Duele porque las despedidas sin adiós son las peores.

En ocasiones pasa que le dedicas mucho tiempo a rebobinar toda la historia de las últimas conversaciones, encuentros o chats. Revisas una y mil veces lo ocurrido, esperando encontrar el fallo, enmendarlo y recuperar la relación, pero no descubres nada. Te resta mucha energía engancharte pensando que tú no merecías un trato así, que por lo menos, y después del tiempo juntos, merecías que fueran honestos contigo, un cierre amistoso y un adiós. Pero no se da. Entonces tienes que hacer tú solo ese cierre y despedida, sin la otra persona. Debes cerrar las ventanas que conservabas abiertas con la esperanza de encontrar ese final: redes sociales, informantes internos, excolaboradores que te dan detalles, etcétera. Se acabó y debes asumirlo así. Despídete con agradecimiento por lo que te dieron, por lo vivido y aprendido. Discúlpate por todo aquello que hayas podido hacer o dejar de hacer que lastimara, ofendiera o perjudicara al otro. Perdónalo por darte un trato que no mereces, pero que es el único que sabe dar. Haz un recuento de tus áreas de oportunidad, escríbelas y firma ese documento diciendo que lo harás mejor la próxima vez.

Te quitaron tu relación, pero no tu capacidad de relacionarte. Espacios dónde desenvolverte o darte a conocer existen por cientos. La vida no se acaba ahí, no sientas que te expulsaron del paraíso, porque no es así.

La primera etapa de este rocoso camino del duelo es la negación. Cuesta mucho trabajo creer que te han hecho esto a ti; a ti, que has sido tan leal, tan trabajador, tan incondicional. Ese tan-tan... tan solo funciona en las campanas. Hoy te das cuenta de que todos somos prescindibles y sustituibles en el amor de pareja. Las personas cambian según convenga a sus intereses, no a los tuyos.

Te quitaron del círculo más cercano de tu expareja y su familia, pero no permitas que te roben ni tu paz ni tu felicidad. Las personas que verdaderamente te quieren, las que están incondicionalmente contigo en las buenas y en las malas, no se encuentran en las redes sociales, sino en casa esperando tu llegada. Una pérdida reajusta tus prioridades.

Como en todos los procesos de duelo, el enojo es una etapa por la que hay que atravesar. En este caso en particular te enojas contigo porque no lo viste venir. Porque no esperabas que prescindieran de ti, que te traicionaran o te sacaran de la jugada. Seguro te gusta controlar y las sorpresas no son tu fuerte. No te quedes enojado, nada te conecta más con algo que el enojo, así que suelta para que sanes y no vayas carente, sino sonriente, a buscar nuevos desafíos.

Hay que sacar ese enojo de manera constructiva, ocupando esa energía en algo que nos beneficie, como haciendo ejercicio, algo creativo, terapia narrativa (escribe y escribe hasta que dejes de mentirte) o bien transmutándolo en una experiencia vivencial que te lleve a ser más profundo, más espiritual y más consciente. Aprende y suelta. Piensa que no podemos seguir teniendo en el clóset toda la ropa que alguna vez hemos poseído, necesitamos sacar lo que ya no nos queda, lo que ya no nos gusta ni usamos para dar espacio a nuevas prendas.

La capacidad de almacenamiento de un armario es limitada igual que en nosotros la cantidad de actividades que podemos realizar, elijamos nuestro bienestar.

Hay pájaros que no vuelan hasta que les cortan la rama; si te la cortaron, vuela alto. Ya encontrarás dónde posarte de nuevo, porque hay pérdidas que a la larga resultan ganancias.

Las pérdidas en el amor desgarran. No lo viste venir, te cae como granizada sin aviso que el otro te diga que quiere terminar, o peor aún, que no lo diga y que desaparezca. La no explicación es una explicación en sí misma, pero nos negamos a verla. Nos cerramos ante la idea de que se terminó y que no te dieron tiempo a enmendar algo si es que estaba mal.

Tratas de abrir caminos y te los cierran; vas a terapia, tomas un curso, vas a un retiro, escuchas un pódcast... el otro simplemente no quiere y, como ya hemos dicho, las relaciones son de dos. Podemos encontrar al otro a la mitad del camino, pero no cargarlo durante todo el trayecto.

En la convivencia diaria peleamos por tantas tonterías: una pasta de dientes mal cerrada, porque el otro se trae todas las cremitas y champús de los hoteles a los que viajan, porque ante tus ojos todo lo hace mal. Y cuando esa persona decide irse, no me explico por qué quieres retener al que tanto criticabas. Sus errores incluyen ahora la manera en que te ha dejado. Y no es que te vaya a cambiar por otra; no podemos *reponer* a alguien porque todos estamos hechos de hermosos detalles irrepetibles.

El conflicto no es malo, le tememos porque no sabemos defender nuestros argumentos y acabamos sintiéndonos ofendidos por las opiniones del otro. Entonces eso se convierte en pleito. No se trata de que te solucionen la vida; a veces solo queremos que nos escuchen y reciban con amor lo que sentimos, sin razonarlo todo y solo buscar soluciones prácticas. Dan ganas de decir: «No quieras quitarme mi dolor, aprende a estar con él».

De los conflictos, diferencia de opiniones, pueden salir muchas cosas; de los pleitos y las peleas derivadas por no respetar diferencias, no.

El propósito de las emociones es abrir el corazón. Descubre qué sientes y acéptalo.

Que el amor no se vuelva un escape para dos personas que no saben estar solas, sino el vínculo para dos que eligen estar acompañados.

Es de suma importancia disponer correctamente del cadáver, siguiendo con la metáfora extendida a lo largo del libro, te conviene enterrar bien ese pasado para que no se salga del ataúd y quiera volver a dar lata o entrometerse con tu vida. Cuesta mucho construirse una vida para que, como juego de Jenga, alguien venga a poner mal su pieza y te lo tire todo abajo. El amor es cosa seria, pero también es un juego, un encuentro, un *match*, un partido...

Los dos miembros de este equipo no van a sufrir igual el final del partido. Uno estaba deseando que se acabara y el otro quiere irse a tiempos extra. Recuerda qué poco te importó el haber terminado con alguien antes; ahora tú eres ese otro y, aunque nos arda el ego, recuerda que lo que hace importante algo es justamente el hecho de que sea finito.

Debemos estar conscientes de los finales. Cuando le damos vida a algo, también le damos muerte. Ambas son frutos de una misma raíz. En la vida tenemos que estar dispuestos a perder lo necesario para crecer.

Puede que las experiencias dolorosas nos vayan quitando lo que teníamos de románticos en esta vida, pero de eso a no creer más en el amor hay mucho espacio.

Dejemos de creer que no podemos estar completos sin el otro, porque entonces siempre necesitaremos a alguien, en lugar de elegirlo libremente (como debe ser el amor) y no desde un lugar de necesidad, sino de deseo.

En este tipo de duelo la negación puede volverse tu peor enemigo. Desarrolla un impulso compasivo hacia ti para que no te culpes, ni recrimines. Si priorizas tu presencia en tu vida; es decir, si te das cuenta de que te tienes a ti, descubrirás la gran capacidad de amor incondicional que puedes desarrollar hacia ti mismo. Por eso te pido que descubras todo lo que puedas sobre ti en esta circunstancia. Ábrete a la experiencia de manifestar tu dolor. El duelo no es una infección contagiosa. No hay nada que temer, hay dolor en crecer y debemos aceptarlo, pero es un dolor que no va a matarte. Te va a transformar en alguien más sensible, empático y alerta.

El fin del amor en una relación nos enseña mucho de la vida misma. Confía en que la primavera vuelve después de un largo invierno. No te quedes muerto por dentro, entumecido.

Tuviste una pérdida amorosa, ahora, ¿qué vas a hacer con eso?

¿De qué te has sujetado en el pasado para no perderte cuando has perdido?

- De tus valores
- De tus vivencias
- De instantes que te llenen la vida
- De recuerdos
- De buenos amigos
- De resiliencia
- De ganas de vivir
- De tu fe
- De amor a ti mismo
- De tu propósito en la vida
- De lo que eres tú
- De tu sistema de creencias
- De la confianza que tienes en la vida

Hay algo más, con un significado más profundo, que te será revelado con el tiempo. Imagina que la vida está tejiendo algo para ti, aunque todavía no puedas ver el resultado final.

Dicen que nuestros más grandes miedos pueden ser dragones custodiando nuestros mejores tesoros. Quién sabe, intenta verlo así. Hay algo detrás que puedes aprender, entender y soltar.

El fin de un amor no es el fin de una vida.

Es muy válido solicitar ayuda profesional de un tanatólogo cuando se ha perdido un amor o cuando ha cambiado nuestro proyecto de vida. Te pido que, conforme crezca la relación con tu terapeuta, en lo que se profundice sea en la confianza, no en la dependencia. El camino después de un descalabro amoroso supone volverte más autosuficiente cada día. No migres de recargarte en una pareja a recargarte en tu terapeuta. Aprende a caminar hombro con hombro.

De los aprendizajes más significativos que pueden quedarnos después de una ruptura amorosa es ser testigos del dolor propio, en lugar de distanciarte de él. Lo que no se siente no se sana y recuerda que la única manera de salir del dolor es a través del dolor.

Fortalecemos aquello que queremos evadir así que, si hacemos del dolor nuestro enemigo, lo hacemos más sólido y difícil. Pídele a ese dolor que te ayude a salir de él de la misma manera que le pedirías a una montaña que vas a escalar que te muestre el camino y guíe. No maldigas la montaña si de verdad quieres llegar a la cima.

Y UN DÍA
TE DAS CUENTA

Es bueno darte cuenta
que no tiene caso pedir lo que
ya no te pueden dar.

Anónimo

Te acostumbras al matrimonio o a la pareja que tienes, la rutina se vuelve una estructura segura y predecible. Acostumbrarte no es lo mismo que estar a gusto, pero funciona. Sirve. Hasta que un día recibes una epifanía; manifestación de una cosa: te alcanza para más o, simplemente, mereces más. No me refiero a que vayas a adquirir algo con el dinero que tienes, sino que puedes aspirar a una mejor pareja por quién eres. Crecemos, cambiamos, evolucionamos, pero no de forma conjunta. Cada persona hace su trabajo de maduración o no, porque recordemos que hasta para eso tenemos libertad, para decidir ser una mejor versión de nosotros mismos y trabajar en ello, o no.

Una pareja debe tratarse con respeto. Estoy a favor de que una voz no se escuche más alto que otra en una conversación. Sin gritos, dando lugar a su dignidad y sus deseos. Viéndose como iguales. Ese es el deber ser, pero esperarías que su trato con las demás personas fuera una extensión de la relación que tiene contigo y consigo mismo: un reflejo de su valía.

Te cuento un caso muy reciente en el que trabajamos la aceptación de perder, no a la persona que vivía con ella, sino a la que ella quería creer que era.

Diana tenía 15 años de vivir con Claudio; unos buenos, otros malos y dos más de pandemia. Estos últimos, muy reveladores para ella, pues jamás habían tenido que trabajar desde casa. Ella, economista consultora en un despacho, y él, contador gerente de contabilidad de una empresa nacional. El departamento en el que vivían tenía tres recámaras; la de ellos, otra de su hijo de 10 años —que hacía escuela en casa— y la sala de televisión. Este último espacio fue adaptado para trabajar con dos mesas pegadas a la pared. La televisión se movió a la sala de estar y ese espacio se convirtió en la pequeña oficina de dos empleados. Una mesa siempre limpia, arreglada, apenas con un lápiz, un bloc de notas y una computadora. La otra, un caos de comida, tazas de café, juguetes para la ansiedad y decenas de documentos.

Diana y Claudio trabajaban codo con codo por lo menos ocho horas al día. Todo fluía, pero cuando los dos tenían videollamadas era imposible la simultaneidad de ambas reuniones, aunque usaran audífonos. Ella solía tomar la iniciativa y moverse al comedor, momento en que él aprovechaba para quitarse los auriculares. Así, Diana se enteró de cosas que no adivinaba: la jefa de Claudio lo trataba muy mal, lo reprendía frente a todos, literalmente se burlaba de sus comentarios y minimizaba sus aportaciones. Era terrible escuchar eso, al principio se le estrujaba el corazón, pero después ardía en cólera de ver que él no se defendía ni se daba su lugar.

Necesitaban ambos sueldos, correcto, pero ella jamás permitiría que le hablaran de esa forma. Presenciar esto la hizo sentir vergüenza de quién era su pareja, trataba de fingir que no había escuchado nada cuando volvía a la habitación, pero su mente conectaba esos episodios con las veces que había notado su falta de carácter por no defender tiempos de entrega prometidos de un prestador de servicios o conformarse con la sopa de coditos que le servían en un restaurante cuando él había pedido sopa azteca. Claudio aceptaba y asumía las consecuencias de errores ajenos con tal estoicismo que Diana sentía que él jamás sería capaz de defenderla en caso de ser necesario.

Diana fue la menor de tres hijas en una familia de un padre alcohólico. Su hogar era impredecible y caótico como el actual escritorio de Claudio. Ella creció siendo la hija hiperresponsable en casa, pues ya tenían suficientes problemas y ella no podía generar ni uno más. Su madre trataba de minimizar el impacto de las locuras de su padre, pero Diana creció sin esa sensación de seguridad que un buen padre suele dar. Su casa no tenía techo emocional y cuando conoció a Claudio vestido de traje, el hijo mayor de su familia, serio y formal, pensó que su choza de pajita podía convertirse en una casita de ladrillos de verdad. Expectativa igual a infelicidad. Poco a poco se dio cuenta de que Claudio era demasiado apegado a su madre, dependiente para la toma de decisiones y falto de carácter. Cuando el trono queda vacante, la reina sube a ocuparlo: Diana tomó la cabecera de la mesa y la batuta para dirigir la vida conjunta. Claudio no era un mal hombre y le gustaba dejarse guiar, así que todo parecía funcionar, hasta que el confinamiento destapó una falta de dignidad y autoestima en él que fue ya intolerable para su pareja.

Diana ya no podía fingir que no veía lo que era tan evidente y un día, durante el desayuno, lo trató muy mal, con profundo desprecio ante su pequeñez de carácter, la epifanía ocurrió: «Merezco más», y le pidió el divorcio.

El caso de esta pareja no fue algo único. Todos supimos de «covidivorcios» en parejas con aparente estabilidad o que habían estado juntas por años. Una situación límite, como la pandemia, nos revela quién es realmente una persona.

Por más que quieras tapar el sol con un dedo y convencerte de que la persona con la que estás es buena, que te conviene estar con ella, hay ciertas conductas y actitudes que te enojan demasiado. Te muestran quién es, de dónde viene y que repite patrones a veces sin siquiera cuestionárselos. Algunas personas pueden aprender modales y comportarse correctamente en un restaurante, pero un domingo en casa, cuando se sienten a gusto y en familia, comen con las manos, ponen los codos sobre la mesa y abren la boca al masticar. ¿Puedes con eso? Pregúntate si amas a quien realmente es tu pareja o al traje invisible del emperador que tú le has confeccionado.

Te platico otro caso que demuestra cómo no saber estar en los momentos importantes de tu compañero refleja poca capacidad de renuncia y postergación a los satisfactores personales; ambas virtudes muy importantes para saber ser una pareja de verdad.

Raúl y David llevaban una respetuosa y alegre relación de casi cinco años. Eran el alma de las fiestas, todos amaban invitarlos por ser los más animados, bailadores, cantadores y nunca *malacopas*. Se llevaban muy bien y se daban sus espacios con pequeños viajes, por separado, con amigos, dos o tres veces al año. Durante uno de esos viajes, estando Raúl en el extranjero, el padre de David sufrió un infarto cerebral y fue hospitalizado de emergencia. La situación era crítica. David texteó a Raúl para contarle y este respondió: «Qué mala onda. Yo voy llegando, pero si quieres me regreso». Ese «si quieres» hizo sentir culpable a David de echarle a perder las vacaciones a Raúl y le contestó: «No te preocupes».

Acto seguido, Raúl no se preocupó más y volvió a comunicarse horas más tarde. Pasaron tres días muy complicados para la familia de David, que no dejaba de preguntar por Raúl y por qué no estaba acompañándolo. La comunicación entre ellos se limitaba a una llamada rápida que terminaba con «Si necesitas algo, me avisas». David necesitaba todo: apoyo, dinero, abrazos, escucha activa, pero no quería necesitar pedirlo.

Error de ambos: esperar, asumir, no incomodarse. El padre de David murió al cuarto día y cuando se lo comunicó a Raúl este le contestó: «Lo siento mucho, lo bueno es que mañana ya regreso». ¿Lo bueno para quién? Ni siquiera intentó mover su vuelo unas horas y la gota que derramó el vaso fue que una prima le enseñara a David las fotos que había estado subiendo Raúl a redes sociales esos días: brindis, risas, *selfies*, en las que aparecía sonriente. Parecía que Raúl existía en un universo paralelo sin respeto al momento doloroso que atravesaba la familia de David. Epifanía: «¡¡Qué estoy haciendo a su lado?!».

Tres meses después del fallecimiento de su padre, cuando David se sintió un poco más estable, le pidió a Raúl que se fuera de casa. Esta vez no sería un viaje de días, sería una separación permanente. Lo que ganaba emocionalmente estando a su lado no alcanzaba para compensar lo perdido aquellos días en los que lo necesitó tanto y en los que Raúl no supo o no quiso estar a su lado.

Podría seguir narrando mil ejemplos, pero la mesa ya está puesta para que reflexiones en el banquete de tu vida. ¿Qué has venido aguantando desde hace tiempo? ¿Qué has querido ver como normal y pasar por alto, pero decepciona a tu alma profundamente?

Hay parejas que decidieron unirse porque ese era el siguiente paso lógico, el esperable por todos. Tal vez ella salió embarazada y por eso decidieron casarse o quizá ella tenía una oferta de trabajo en el extranjero y apresuraron una boda para irse juntos. Tal vez en el fondo no se querían casar, pero las circunstancias los empujaron un poco. Esa unión nació chueca y, tarde o temprano, un día cualquiera, te puedes dar cuenta de que no quieres más estar con esa persona, que existen mejores opciones y que puedes aspirar a un nivel más elevado de compromiso y pareja.

Solamente tú y nadie más que tú conoce cuál es tu nivel de tolerancia. Un día algo pasa, grave o no, pero sí muy revelador, y sobreviene la muerte del amor, o destapas una fosa donde yacían sus restos hace tiempo.

*A veces mientras más
abres los ojos, más
cierras el corazón.*

ANTES DE CONTINUAR

Si realmente consideras que estás en una relación que puede ser salvada con trabajo, dedicación y el compromiso de ambos, pasa a la siguiente página.

Por el contrario, si estás viviendo una separación o tienes la seguridad de que debes terminar una relación, por favor, continúa tu lectura en la página **166**.

¿Qué puedes hacer para salvar la relación?

Es muy difícil evitar esta muerte porque hay situaciones impredecibles. Se pueden hacer acuerdos en pareja de cómo les gustaría reaccionar ante determinadas situaciones, pero jamás podrán abarcarlas todas. ¿Tú reaccionas ante las situaciones límite o respondes? Reaccionar y responder no son sinónimos. El primero proviene del estómago, de las emociones; y el segundo, de la cabeza, del deber ser y hacer lo correcto, aunque se echen a perder tus planes.

Estar en pareja no significa hacer sacrificios, sino alegrarte genuinamente por lo bueno que le pasa al otro y hacer todo lo que está en tu mano por fluir, apoyar y conciliar para lograr el mejor acuerdo entre ambos. Las buenas parejas no nacen de acuerdo, se ponen de acuerdo.

A las personas significativas en tu vida no se les convoca, acuden porque estar con el otro cuando nos necesita es un llamado del corazón. Por eso es tan cierto el dicho que dice que *en la enfermedad y en la cárcel se conoce a los verdaderos amigos*. Durante la pandemia, en Madrid, existieron los funerales *drive-thru*, es decir, funerales en los que podías pasar desde tu carro a dar el pésame y presentar tus respetos. Por miedo al contagio no te quedabas, se entiende, pero si ahora no estamos en confinamiento, ¿cuál sería tu pretexto para no acompañar a alguien en un momento difícil de su vida? Hay que preocuparnos por cuidar a las personas que amamos, no solo esperar que se curen.

Antes de apresurarte a terminar con una relación, piensa las cosas con la cabeza fría, en especial si llevas mucho tiempo en ella. Todos tenemos un biorritmo y habrá ocasiones en las que no soportes a tu pareja. Te cae mal todo de ella. Literalmente, te altera el sonido de su respiración, lo lento que hace las cosas, el que abra la boca cuando se queda viendo algo, que haga ruido al comer, que ronque, etcétera. Te dura algunos días y luego se te pasa. Sucede algo lindo en tu vida y todo parece marchar mejor. La convivencia con alguien es muy intensa; duermen juntos, amanecen juntos, algunos comen y trabajan juntos y así *in saecula saeculorum*. Te parece eterno y dejas de valorar lo que esa persona le aporta a tu vida.

Las miradas son muy importantes. En las de mamá y papá leíamos aprobación o desagrado. En las miradas de tu pareja puedes descubrir lo que realmente siente. El duelo por la muerte del amor es como haberte roto las costillas, por afuera te ves bien, pero duele cada respiro que das. Si pudieras ver con un espejo la manera en que tú miras a tu pareja, ¿te gustaría esa mirada?

No te dejes influenciar por la opinión de «amigos» que te recomiendan dejar a tu pareja asegurando que encontrarás a alguien enseguida, que te alcanza para más, que puedes aspirar a alguien mejor en todos los sentidos. ¿Qué saben ellos?, ¿acaso tienen una bola de cristal en la que pueden ver tu futuro? Ellos no aguantarían estar con tu pareja, es cierto, pero tú tampoco aguantarías estar con la suya. Hay millones de razones por las que alguien decide compartir el trayecto con otra persona y tu elección no tiene que ser del agrado de todos.

Imagina tu vida y tu futuro sin esa persona. De verdad, métete en la visualización de cómo sería estar sin él o ella. ¿Qué sientes? ¿Te da paz o angustia la sola idea de no tenerlo cerca? Hay personas que deciden cambiar, no por desesperación, sino por inspiración, ojalá ese sea tu caso.

Haz una lista de pros y contras de permanecer juntos. No quiero que te convenzas con razones «lógicas» de que te conviene, solo quiero que analices el cuadro completo y tomes la decisión más informada y no la más arrebatada que puedas.

Toda relación necesita tiempos fuera: espacios a solas o con amigos que te den oportunidad de extrañar a alguien y revalorar su presencia en tu vida. Tal vez no dejó de gustarte, solo lo has visto demasiado. O quizá tú mismo te has encargado de mermar su autoestima y ese es el motivo preciso que usas para verlo hacia abajo: su poca autovaloración.

Si te vas a quedar con esa persona, no le pidas que haga cosas que no están en ella, no las va a hacer. Conócela y trata de ver y exaltar sus fortalezas, en lugar de marcar tanto sus defectos.

Si te crees afirmaciones que indican que todos los hombres son infieles o que todas las mujeres son interesadas, estás siendo injusto. Cuéntate una historia diferente a ti mismo, de respeto, de comunicación con tu pareja y asertividad para pedir lo que realmente quieres cuando lo quieras, y así evaluar si el otro puede o no darte lo que requieres y viceversa.

Si tú eres de los que busca el *cómo sí* y tu pareja busca el *cómo no* de las cosas, esa diferencia es precisamente el equilibrio que puede existir entre ustedes para lograr metas, si de verdad lo quieren.

Piensa en vacaciones más que en terminaciones, la distancia y espacio pueden darte perspectiva. No tomes decisiones permanentes basándote en emociones temporales. Ningún sentimiento es definitivo.

Recomendaciones para vivir tu duelo

Un duelo se recorre en cinco fases, son las llamadas etapas Kübler-Ross en honor a su creadora, la doctora Elisabeth Kübler-Ross, quien, dicho sea de paso, no contribuyó al mundo del trabajo del duelo solo con eso; estableció las bases de un duelo sano; un camino a transitarse sin prisa, pero sin pausa. Está la **negación**, que incluye el *shock* inicial y el no poder creer lo ocurrido. Le sigue la **rabia** de que alguien que amamos ya no esté más ahí. Viene un **regateo**, donde aparecen todos los *hubiera* y los arrepentimientos. Continúa con una **depresión** reactiva llena de tristeza por la pérdida y, finalmente, se llega a la **aceptación**, reconociendo la realidad de la pérdida. Podría caber aquí la sexta etapa del duelo aportada por David Kessler, discípulo de la doctora Kübler-Ross, en la que se habla sobre la búsqueda de significado de lo ocurrido. Esto no significa encontrarle sentido a la pérdida en sí misma, sino el sentido de vida después de esa pérdida. Perder te transforma. Las etapas no se prescriben solas, hay que hacer un trabajo para llegar a la aceptación. Este modelo describe un proceso general por el que se puede transitar en cualquier orden, duración y no solamente una vez. Podemos ir y venir por las etapas del duelo como un electrocardiograma que sube y baja.

Si tu pareja no era capaz de organizar un viaje o una salida juntos, ¿crees que será capaz de tomar la decisión de separarse? Obvio no. La decisión es tuya, al igual que tu legítima búsqueda de la felicidad.

Cuando nuestros reclamos son eternos: «*Nunca* salimos», «*Siempre* me sales con lo mismo», «*Jamás* hacemos lo que yo quiero», estamos frente a la crónica de una muerte anunciada, porque los absolutos como *siempre* o *nunca* son indicadores claros de miseria emocional.

Entiende que, si el amor no evoluciona, involuciona. Es decir que, si no va para adelante, retrocede. Si tú empezaste creyendo que tu pareja lo sabía todo y poco a poco fuiste dándote cuenta de que no era así, pronto acabarás reclamándole «¿Y tú qué sabes?». En las relaciones, o le bajas o le subes al volumen de la primera opinión sobre tu pareja. Cuando le bajas, queda un trauma llamado decepción.

Hoy en día todos hemos escuchado sobre el síndrome de estrés postraumático (PTS, por sus siglas en inglés), el cual te queda después de un trauma, una impresión fuerte o una experiencia dolorosa. Es como una huella en mármol que ha quedado grabada en tu mente y corazón por lo ocurrido. Trauma no es lo que sucede afuera, sino lo que pasa dentro de ti. Pero se nos olvida ver el lado B de las cosas; también existe crecimiento postraumático. Es decir, es posible, probable y esperable que alguien crezca a partir de su dolor. Es deseable que se convierta en un ser más resiliente y en una versión renovada de sí mismo. Confía en ello.

También es muy importante tener claro lo que no quieres volver a repetir. Qué fronteras ya no volverás a cruzar en tu siguiente relación o qué ya no estás dispuesto a tolerar. Los límites son siempre líneas sanas, no solo para los demás, sino también para nosotros mismos.

Que esta pérdida sirva para cambiar tu relación con el dolor. Ábrete a él, ponle atención porque tiene mucho que enseñarte acerca de ti mismo. Los budistas dicen que cuando el dolor llega a nuestra vida deberíamos de ponerle un tapetito de bienvenida en la entrada. Me dirás que no, que no lo querías en tu vida. Cierto, pero ya está ahí, así que más te vale recibirlo, trabajarlo y dejarlo ir una vez que hayas extraído todos los aprendizajes que conlleva.

Pregúntate qué es aquello que te hace sentir vivo: ¿los viajes, la naturaleza, una buena plática? Hazlo, nada de eso se ha terminado para ti. El tiempo que te queda aquí, vívelo. Para morir solo se necesita estar vivo, pero para vivir se necesita mucho más que solo tenerles miedo a los finales.

Una terminación es dejar espacio a lo que sirve y dejar atrás lo que ya no. El duelo no dura para siempre; se acaba, igual que el amor.

NO ALCANZÓ
EL AMOR

El duelo es el precio
que pagamos por amar.

Reina Isabel II de Inglaterra

Este es el capítulo más difícil de escribir de todo el libro. También hay ocasiones en las que el amor, siendo uno de buena factura, no fue suficiente para seguir juntos y la pareja termina separándose. Hablamos de una muerte por carencia, porque el amor no alcanzó para seguir juntos.

Hay un montón de factores que pueden contribuir a eso: las familias de origen, los problemas, la migración, la depresión, las adicciones, la infertilidad, la distancia, los celos y las pérdidas en general.

Es muy triste porque era un buen amor, hecho de noble madera, pero hasta las mejores embarcaciones naufragan cuando la tormenta es demasiado brava.

Una buena fórmula para no caer en el agotamiento dentro de tu relación es repetirte constantemente que no puedes hacer más que el otro. No puedes hacer todo por el otro, déjalo que haga su parte para que sigan siendo pareja.

Un amor suele morir de la manera en que vivió. Así como quedarse dormido es más fácil para algunas personas y para otras es todo un tema, igualmente en el amor hay cosas que se dan de forma muy orgánica y otras que son jalar una carreta cuesta arriba.

Cuando estamos en pareja, tenemos revelaciones todo el tiempo y, naturalmente, estas traen nuevas preguntas consigo. Lo importante es qué actitud estás trayendo tú a la relación. ¿Estás cómodo físicamente?, ¿y emocionalmente?, ¿cuál es tu narrativa de lo que está ocurriendo?

En mi trabajo como tanatóloga suelo ser testigo de muchos divorcios y separaciones profundamente dolorosas, por ejemplo, después de la muerte de un hijo. El golpe es desolador y, sin embargo, no es la muerte del hijo en sí lo que separa a la pareja, es la falta de respeto a las diferentes maneras de *duelar* de cada quien. Uno quiere ir al cementerio cada semana y el otro no se para por ahí. Uno llora por los rincones y lo nombra todo el tiempo, mientras que el otro no lo menciona y tiene canceladas las lágrimas.

Te cuento un terrible caso que sigue estremeciéndome hasta la fecha. Ambos protagonistas de la historia están siempre en mis oraciones. Ricardo llegó a casa un 15 de mayo un poco antes de lo habitual. Empezaba a oscurecer y, a pesar de tener prisa por llegar a ver un partido, siguió las normas del condominio para estacionarse de reversa, aunque eso le tomara un par de movimientos más que solo llegar y clavar la camioneta. Durante la maniobra, una de las llantas pareció pasar por arriba de algo y enseguida pensó que una vez más sus hijos habían dejado juguetes tirados en la entrada. En fracción de segundos escuchó los gritos de su esposa: «¡Hazte para adelante, muévete, muévete!». La realidad es tan dura que a veces cuesta hasta escribirla. Mathilde había dejado la puerta de la cocina abierta y su hijo de dos años y medio había salido a buscar al perro justo cuando llegaba su papá. Ese sonido, ese ligero tope del coche destrozó muchas vidas en un segundo.

El *ping-pong* de la culpa se jugó con todo. Se dijeron cosas terribles provenientes de un dolor extremo. Hubo un juicio por homicidio imprudencial que se seguía de oficio, aunque Mathilde no ratificó la demanda. No hubo condena, solo un dolor punzante y la posterior separación de esta pareja. Ricardo se culpó a sí mismo, ella también lo culpó y la única oportunidad de seguir viviendo para su hija Pía fue estando separados, no volver a mirarse a los ojos y jamás confesarse que aún se amaban.

¿Cómo podrías salvar una relación si no puedes ni salvarte a ti? Si tú mismo quieres morirte, si ya no sientes nada latiendo en el pecho. Te refugias en el trabajo tal vez, pero la culpa que se puede llegar a sentir en un duelo hace que no te creas merecedor de nada bueno en esta vida.

Ser testigo del dolor de alguien sin poder quitarle esa pena y solo estar ahí para esa persona debería de ser lo más fácil y natural para los seres humanos y, sin embargo, es lo más difícil de hacer. Alguien roto no puede dar más que pedazos.

Empezamos a pensar que todos son normales excepto nosotros y olvidamos que lo normal, como dice el doctor experto en trauma, Gabor Maté, no es necesariamente lo sano. Maté plantea que el trauma viene porque algo malo pasó, pero también porque algo bueno que habría de venir, no llegó.

Trauma es una palabra griega que significa herida y que parece cargar con todas las tragedias de su lugar de origen. En las tragedias existen víctimas, pero no queremos ser eso; debemos responsabilizarnos y hacer algo con lo que nos pasó. Lo más importante a saber es que el dolor siempre te cambia y, bien trabajado, te cambia para bien; pero, mal trabajado, acaba contigo y con tus relaciones.

Hay exparejas que trabajan muy bien su duelo y pueden conservar el cariño, la alegría genuina por lo que le pasa al otro y hasta llegar a ser amigos.

¿Cómo se logra un duelo bien trabajado?

1. Haz un cierre que implique rituales de despedida.
2. Realiza una contribución que honre a esa persona, como una fundación o beca a su nombre.

3. Profundiza en la conexión que tienes con el resto de tu familia.

4. Invita de regreso a personas que puedan hacerte bien.

5. Busca un más alto sentido de la belleza de la vida con actividades como el voluntariado o el altruismo.

6. Haz algo que les dé sentido hasta tus últimos minutos; esto es algo muy relativo y personal.

7. Tómate tu tiempo, elaborar un duelo no es una tarea exprés.

Los celos

Otra situación en la que el amor no puede salir victorioso es cuando hay celos. Sentirlos es una jaula que te encierra a ti y a tu compañero. La llave del candado cuelga de tu cuello, pero la cadena no alcanza la cerradura. Es una lástima, una terrible lástima que dos personas que se aman acaben separadas por inseguridad, heridas del pasado o por imaginación desbordada. Porque no sepan dejar atrás su pasado y sigan cargando temas de relaciones anteriores. O porque aún haya asuntos de confianza no resueltos.

Aquí no hablo de traición, ese tema pertenece a otro capítulo. Hablo de fantasía catastrófica, de delirio persecutorio, de miedo a que te engañen y de muy poca salud emocional. Quien sufre de celos es capaz de dejar morir algo porque no sabe cómo rescatarlo. Te cuento este caso para que reflexionemos juntos.

René le dio a Magdalena un ultimátum: «Si no dejas a esos amigos que tienes, terminamos». Esos amigos no eran más que sus inofensivos compañeros de la preparatoria que se reunían tres veces al año para ponerse al día en novedades, intercambiar recuerdos y reír un rato. Nada sexual ni clandestino sucedía en esas reuniones, a las que ya no estaban convocadas las parejas que solían aburrirse como ostras de escuchar tantas bobadas de la juventud de este grupo de ocho integrantes. La primera vez que Magdalena le dijo a René que iría a esa reunión, a él no le agradó, pero no encontró argumentos suficientes para impedirle que fuera. Las siguientes veces él siempre tenía un plan mejor y se molestaba si ella prefería irse con sus amigos. Para la cuarta reunión, él estaba convencido de que ella tenía algo que ver con alguno de sus excompañeros. Le revisaba sus mensajes y conversaciones, la esperaba en la puerta con reloj en mano y, hasta en ocasiones, llegó a ofenderla oliendo su ropa interior para asegurarse de que nada hubiera ocurrido esa noche.

Las faltas de respeto fueron escalando y aunque Magdalena le dijo varias veces que pidiera ayuda, que tratara esa celotipia, René no hizo caso y convirtió esa bonita relación en un auténtico ring de box.

A ella comenzó a darle flojera hablar del tema. Sentía que iban a llegar a lo mismo, o sea, a nada. Cuando solo eran novios habían cortado un par de veces por temas de celos, pero ella creía que al vivir juntos esas sospechas infundadas acabarían. No fue así y hablar ya no solucionaba nada porque habían dejado de tener un lenguaje compartido. Ahora las palabras tenían un significado distinto para cada uno. Ella decía: «Voy a salir con mis amigos», él entendía: «Voy a tener sexo con otro». Ella decía: «Llego temprano», y él escuchaba: «Regresaré cuando haya terminado de verte la cara».

Magdalena estaba de mal humor, y con sobradas razones, y René le reclamaba que no quisiera tener relaciones sexuales con él. Aseguraba que estaba acostándose con su amigo y que por eso ya no tenía ganas. Estaban perdiéndose de vivir una vida juntos porque se ahogaban en reclamos y silencios.

Ella ya no quería ni ahondar en el tema, se sentía muy perdida en esa relación y, claro, todo comenzó a molestarle. Magdalena sí fue a consejería conmigo y comenzó a preguntarse: «¿Qué parte de mí necesita ser vista ahora y qué busca ser aceptada?». Finalmente, a eso vamos a terapia, a ponernos de acuerdo con nosotros mismos, no con alguien más.

Sucesos que cambian tu vida te hacen darte cuenta de si la conexión con la otra persona sigue ahí o no. Puedes evitar el tema y postergarlo todo lo que gustes, pero en algún momento alguno de los dos tendrá el valor para aceptar que su amor no fue suficiente para mantenerlos juntos.

Necesitas poner el foco en tu salud y bienestar para sobrevivir a lo ocurrido y darte cuenta de lo que tu cuerpo te está gritando. ¿Estás hibernando? ¿Compensas con comida lo que no tienes de afectividad? Ir a terapia fue como encender las luces del cuarto para Magdalena, ya no podía hacer como que no veía.

Tememos todo lo que no nos es familiar, estamos entrenados para evitar la incomodidad y por eso recibimos los cambios de la vida como amenazas a nuestra estabilidad.

Magdalena y René terminaron separándose después de un último episodio de celos donde él cruzó una frontera sin retorno: dentro del calor de sus reclamaciones, la insultó, usó palabras altisonantes que Magdalena ni siquiera sabía bien qué significaban, pero entendió que marcaban el final de su historia.

ANTES DE CONTINUAR

Si realmente consideras que estás en una relación que puede ser salvada con trabajo, dedicación y el compromiso de ambos, pasa a la siguiente página.

Por el contrario, si estás viviendo una separación o tienes la seguridad de que debes terminar una relación, por favor, continúa tu lectura en la página **179**.

¿Qué puedes hacer para salvar la relación?

No hay manera de prevenir este tipo de muerte del amor, llega inesperada, inmerecida y contundente. Lo único que queda es aceptarla como parte de la vida. Hacer las paces con lo que pasó, entender que puedes vivir aun con eso y aceptarlo. Hay que tratar de ser honestos y cerrar de la mejor manera posible con quien tampoco tiene la culpa de que esto haya pasado. Contrario a lo que nos dijo mamá cuando éramos chicos ante el estallido contra el piso de una maceta: «Las cosas no se rompen solas, ¿quién lo hizo?». No siempre hay un culpable absoluto, son un montón de factores que se juntan, y suelen ser dos los responsables.

Lo único que puede haber como prevención es estar alerta a las pistas que nos marcan qué dirección debemos seguir. Se parecen mucho a un termómetro de la relación: si tomamos malas decisiones, tendremos una vida desgraciada, pero si esas decisiones son correctas accederemos a una vida plena y feliz.

Somos nuestros peores enemigos al rechazar oportunidades, no lo hagamos por miedo a que nuestra pareja se enoje con nosotros. El desafío no es necesariamente una amenaza. Te cuento un último caso para ejemplificar lo antes dicho.

Rosalba y Martha tenían cinco años de una muy buena y estable relación. La mantenían en secreto por respeto a sus padres, ya mayores, que no fluían bien con la idea de parejas homosexuales en la familia. Ellas, respetuosas y prudentes, sabían que tenían que darles un tiempo para ajustar sus mentes y darse cuenta de cuánto bien le hacía la una a la otra. Convivían como mejores amigas con ambas familias y estaban presentes y activas en cada evento y celebración familiar. Vivían juntas y todos lo sabían, solo eran muy reservadas en sus manifestaciones públicas de afecto.

Rosalba estaba por cumplir 40 años y sus ilusiones de ser madre empezaban a disolverse hasta que un día que parecía común, mientras ella y Martha platicaban en la cocina, decidieron que era el momento de una inseminación artificial y que ambas se harían cargo de ese bebé con amor y devoción.

Para no hacer el cuento largo, pasaron meses de tratamientos, de costosos intentos y frustraciones terribles. El sueño no se completó y su búsqueda desgastó un amor muy lindo que no supo entender que lo suyo era ser pareja y no familia. Ambas decidieron separarse porque, aunque se seguían gustando y atrayendo, el sexo había perdido toda su frescura y espontaneidad. Todo eran caras largas y de todo se molestaban. Decidieron terminar antes de seguir ensuciando lo que había sido una historia de amor.

Aquí por diferentes motivos el amor no alcanzó para que siguieran juntas. Uno tiene que hacer lo que le parece correcto y no lo que los demás te dicen que hagas. La vida es una ardua tarea y la adversidad nos va haciendo más fuertes.

Recomendaciones para vivir tu duelo

Terminar una relación es un proceso muy doloroso, uno se resiste como si se tratara de enterrar a un vivo.

Procesar el sufrimiento es pasar a través de él, es una travesía. Si lo sientes, lo sanas, pero al tratar de evitarlo se convierte en neurosis. A veces hacemos una defensa heroica no de nosotros mismos sino de nuestro dolor, defendemos nuestras heridas porque creemos que es lo que nos da identidad: «Soy el huérfano», «A mí me abandonaron», «Fui traicionado», etcétera. No eres eso, eres mucho más.

No te identifiques con la herida. Que no se convierta en tu identidad ni en la bandera con la que navegas. La búsqueda no es afuera, es en tu interior. Porque una nueva pareja no vendrá a sanarte, eso lo harás tú. El amor inmaduro grita a través de sus acciones: «Dame de lo que tú tienes que no puedo generar en mí».

No vivas un hiperdeseo de tener lo que ya no existe, porque solo te llenarás de enojo y angustia. El camino de regreso a casa (la paz interior) no siempre es evidente. Es todo un proceso de reequilibrar tu vida. Busca un estado de sanación constante.

El dolor cobra tres dimensiones: una física, que tiene que ver con los sentidos, «quiero verte, necesito escuchar tu voz, sentirte», etcétera; una emocional, donde lo afectivo tiene mermada tu capacidad de concentración y disfrute, y la ausencia duele; y otra cognitiva, en la que entiendes que ya no se hacen bien juntos, pero sigues sin considerarlo justo y piensas mucho en el *hubiera* y el *debí de*.

Relajarte por medio de meditaciones guiadas puede ser una gran herramienta. La meta que tienes en mente es soltar y generar empatía en ti, para la otra persona y para la situación. Al estar en calma te das cuenta de tu dolor y, aunque darte cuenta no es desaparecer el dolor, es un buen comienzo.

Tenemos muchas capas de creencias y de resistencias, y todo final nos pone de frente con ellas. Saber dejar ir a alguien antes de que acabes odiándolo es un honor. Un grado sagrado, casi una ofrenda al pasado compartido.

Así como la muerte es dejar el cuerpo y la vida continúa, la separación amorosa es dejar la relación y el amor perdura. La muerte es algo natural, cíclico, no es una fatalidad. Eso incluye la muerte de una relación.

Cuida mucho tu lenguaje interior, date esperanza en cada pensamiento en lugar de tirarte para abajo. Se apagó una estrella, pero tú tienes un universo dentro.

Ten mucho cuidado con las bebidas alcohólicas, no es buen camino evadirte de lo que sientes ni anestesiar tus ganas de ver a alguien. Bebe mucha agua, eso sí, porque llorar deshidrata y pensarás con mucha mayor claridad si tu nivel de líquido es el adecuado.

Este duelo puede durar dos años o más dependiendo de tu grado de convencimiento al terminar la relación. Cada vez que quieras boicotear tu progreso, pon por escrito en un papel los motivos que te llevaron a tomar o aceptar la decisión de no estar más con esa persona. Conviene recordar activamente, porque la mente se vuelve selectiva y solo recuerda los buenos momentos idealizando a quien ya no está.

Mantén contacto cero, estar siguiéndolo en redes sociales o preguntando por él a conocidos equivaldrá a arrancarte la costra y no dejar cicatrizar la herida.

Cuando empieces a pensar en él, no te interrumpas. Escucha tus recuerdos en lugar de arrojarlos lejos como si fueran un búmeran, volverán. Piensa que cuando eras niño veías la misma película 37 veces, y no era porque se te olvidara, sino porque conocer el final te daba tranquilidad y certidumbre. Tal vez ahora necesites rebobinar tu película muchas veces, tente paciencia, hay un *para qué* en ello.

Si tienes días malos en los que no quieres ni bañarte, está bien. Date permiso. Está bien no estar al cien como otras veces, pero ponle agenda a tu dolor. Si hoy no te bañas, mañana sí. Lo único que tu corazón quiere es estar contigo y que lo escuches.

No eres un niño, come por disciplina y no digas que no tienes hambre o que no te pasa la comida. La época romántica en la que las mujeres se tiraban pálidas a dejarse morir en un sillón ya pasó. Nadie muere de amor.

Diversifica tus amistades y actividades. Recuerda que estás buscando respuestas y haciéndote preguntas, no hay como conversar con alguien.

Siente, no nada más pienses. Escucha con tu corazón, no hay un guion predeterminado. Siempre hay más acerca de la historia. Busca los temas inconclusos, lo que no estás verbalizando. ¡Qué gran oportunidad, no pedida, de indagar en ti y conocerte más!

Estamos viviendo una época de muchos gurús, de personas que quieren decirte cómo vivir tu vida y alcanzar la felicidad en cinco sencillos pasos. Aquí no hay nada sencillo; crecer duele. No copies a nadie, escúchate a ti mismo y así lograrás una más alta y actualizada versión de tu persona.

Si no eres capaz de decir «no» a algo que sabes que no te hace bien, probablemente es porque tienes demasiado miedo, vergüenza o culpa.

Que el amor que te tienes a ti mismo venza cualquier miedo.

SEGUIR SIN TI O SEGUIR CONTIGO

Estudiar la separación amorosa
significa estudiar la presencia de
la muerte en nuestras vidas.

IGOR CARUSO

Un divorcio no es necesariamente el fin de la historia conjunta de dos personas, especialmente si tienen hijos. Sabemos que más o menos la mitad de los matrimonios acabará en divorcio. No creo que a todos ellos se les haya olvidado lo que buscaban al casarse ni lo que deseaban construir con su pareja.

No olvidamos la verdad, solo nos hacemos mejores en mentirnos a nosotros mismos; ya sea porque decimos ser felices cuando no lo somos o porque no podemos reconocer que lo que vivimos también es felicidad, aunque no luzca tan juvenil ni fresca como antes.

Estando con alguien que te importa e interesa, el tiempo pasa muy rápido; cuando no, te parece una eternidad. Te cansas de mirar el mar esperando que algo salte, si vas a tener un avistamiento de ballenas o simplemente vas en una lancha deseando encontrarte un delfín, un pez interesante o algo que te haga saltar el corazón. Muy probablemente eso pasa en la pareja: te cansas de esperar. Ninguno de los dos cambia, las ganas de hablar sobre sus diferencias son nulas, sientes que no tiene caso replantearse cosas y decides terminar con la relación. Aunque seas tú quien tome la decisión, no es nada fácil. El divorcio es un camino empedrado, no intentes alfombrarlo.

Tampoco quieras encontrarle atajos al dolor pensando que, si se aprende la lección, el dolor desaparece. Eso no es así, no hay dicha sin contratiempos. Yo soy una fiel creyente de que, si no fuera por la muerte, jamás valoraríamos la vida; de igual forma, si las relaciones tuvieran garantía de eternidad, perderíamos interés en ellas de inmediato.

Las parejas se pueden volver muy tóxicas y empezar a pelear, por cualquier cosa, todo el tiempo. Uno quiere hablar de lo ocurrido y el otro no. Voltea todo lo que el primero dice y tergiversa la voluntad de arreglar las cosas, convirtiendo ese hueco emocional en un pozo más profundo.

Empiezan a gritarse que se van a dejar y no se sabe bien si eso es una amenaza o una promesa. Uno señala al otro con el dedo mil veces, cuando no es más que un reflejo de sí mismo. Las relaciones son siempre espejos de quien somos y de qué pie cojeamos.

Si una relación está mal, significa que yo estoy mal y que no he tenido el coraje ni la voluntad de arreglarla. Hay momentos en la vida en los que estamos tan ocupados haciendo mil cosas que cuando un día la vida nos detiene y nos sienta en la sala de nuestra casa solo para darnos cuenta de cuán acabado y sucio está todo. ¿Esperabas que alguien hiciera siempre ese trabajo por ti? ¿Que todo estuviera tal como a ti te gusta cuando ni siquiera estás ahí? Siéntate y siente. ¿Cómo está tu vida ahora que tu relación termina y qué cambios necesitas hacer? Hazlos, pero no esperes a que las cosas mejoren solo porque cambias de pareja. Si no cambias tú, nada cambiará.

Tal vez esta misma sensación que tienes ahora y la duda de si irte o seguir ahí ya las has tenido antes. Si ha sido algo que se ha repetido en relaciones pasadas, considera la posibilidad de que no sea la relación lo que te tiene infeliz, probablemente seas tú.

¿Has pensado cómo fue o cómo es la relación con tus padres? Revisar esa relación primaria es un puente para que luego puedas tener una relación sana con alguna pareja. El trauma y el duelo se pasan a través de las generaciones. Hay familias enteras con narrativas de pérdida en su vida. ¿En tu casa te enseñaron masoquismo? Hay que sufrir la vida, todo cuesta, si te duele lo atesoras más, etcétera. Tal vez eso se repite en tu relación de pareja. Si te enseñaron narcisismo, tú eres lo más importante, nadie es mejor que tú, eres el número uno; tal vez actúes un canibalismo social para seguir demostrando afuera de lo que te convencieron dentro. ¿Necesitas que te vean, que te aplaudan, que te digan lo bonita o lo guapo que eres y sigan alimentando tu falso yo? Te tengo noticias, tu pareja no es tu papá. Tienes que decidir desde la adultez qué vas a dejar y qué vas a tomar para tu vida futura. Puedes elegir sanar y continuar amando, esa es la dirección correcta.

Se puede hacer más feliz a una persona que ya es feliz, pero no se puede hacer feliz a quien no lo es. Aprende eso antes de unirte en compromiso con alguien.

¡Cómo es posible que quien más te ha querido sea quien más pueda dañarte con las palabras! Dardos lanzados sin posibilidad de cancelar el envío. Se tenía que decir, y se dijo. Nada tan feroz saldrá jamás de la boca de alguien como de quien vive contigo. Sabe dónde hacer daño y quiere hacerlo. ¡Cómo te hiere quien dice ser quien te ama! Y nunca sabremos si es el coraje del momento el que le hace decir esos insultos o es lo que verdaderamente piensa y el enojo solo abre la puerta para ello. El enojo, el alcohol y las drogas son los grandes desinhibidores sociales. Por eso, después de una fiesta o lo que se antojaba como una celebración feliz, sale la frustración a flote y acabamos llenos de reclamos y agresiones.

Es muy fuerte este componente de violencia emocional; comentarios pasivo-agresivos que llevan a minimizar tus opiniones, a darles más credibilidad a otros y a ofenderte. Enojados se dicen cosas muy duras, palabras crudas y crueles que marcan el corazón para siempre. Si no estás bien plantado y con una autoestima sana, lo que te dice el otro te lo crees como si fuera una verdad absoluta.

¿Y qué no se supone que en pareja estamos para tenderle la mano al otro y no para levantársela?

En cuanto empiezan los conflictos en una pareja te entra el miedo al fracaso y por eso puedes recorrer varios caminos equivocados tratando de escapar de lo que sientes: desobedecer los convenios acordados, traicionar, irte, sobrepasarte o convertirte en alguien totalmente rechazable. Acuérdate de que la neurosis es la evasión de lo que deberías atravesar para sanar tus heridas de la infancia.

Me parece que en una pareja hay promesas eternas que, al no cumplirse, van gestando una rabia interior de uno hacia el otro, no solo por «lo que no me diste», sino también por «lo que no logramos» y «lo que no soy». «Ya vendrá un mejor departamento», pensamos, «Ya tendremos una casa propia, algún día llegaré a tener un mejor trabajo y entonces podremos...». Eso no pasa para todos. Nos creemos especiales y la vida parece empeñarse en recordarnos que somos normales.

Sin embargo, el fracaso no existe, solo son pasos necesarios para aprender y crecer. La vida no fracasa nunca, la existencia está logrando todo y lo ha hecho por muchos, muchos años. Pero para una pareja hay algo que está en juego: que me incluyan o que me excluyan de su vida.

Buscamos ser mejores que nuestros padres, lograr más éxitos que ellos, y un día nos sorprendemos siendo todo aquello que juramos nunca ser. Si tuvimos padres que estuvieron casados 60 años, eso no significa que hayan sido felices, tal vez significa que fueron educados para aguantar y seguir ahí.

Por otro lado, los hijos de padres divorciados suelen imponerse a sí mismos un proyecto de vida eterna en pareja, buscando que sus hijos no sientan lo duro que es una separación familiar como la que vivieron ellos.

Los apegos, un grado de codependencia emocional, el miedo a hacer las cosas, el no estar seguros al tomar decisiones y el terror de acabar solos nos dejan en una relación más tiempo del que deberíamos.

¿Seguirías comiendo un ceviche que huele mal, a pesar de tener la absoluta certeza de que acabará enfermándote?

Para entender este complejo tema de las separaciones, entrevisté a Kya, una profesionista exitosa, que está viviendo un proceso de divorcio. Sus palabras y generosidad al compartir dan mucha más luz y claridad de lo que daría cualquier experto hablando, desde la teoría, al respecto.

GABY: ¿Qué ha sido para ti lo más difícil de divorciarte?

KYA: El divorcio tiene muchas aristas y no quiero minimizar ninguna, porque en muchos casos hay situaciones de abuso y violencia doméstica. Este es un testimonio personal, así es que voy a abocarme en mi experiencia.

Para mí hubo un par de cuestiones muy difíciles de digerir y afrontar: la incertidumbre y la incongruencia entre la persona con quien creí haberme casado y quien finalmente resultó ser.

El día en que mi esposo —el divorcio aún no concluye— anunció que había rentado un departamento y que se mudaría en unos cuantos días me abordó una profunda incertidumbre: «¿Podré yo sola?», vivo en el extranjero y, salvo mi hijo, no tengo familia cercana acá. «¿Cómo va a salir librado mi hijo de todo esto?».

Todos los días amanecía con nudos en el estómago y sensación de no poder respirar. Vengo de una familia sumamente unida y el pensar que mi hijo no tendría eso me llenaba de tristeza y angustia.

La ironía de esta situación es que esa necesidad de control fue lo que me sacó a flote. Ya estaba en terapia cuando esto se suscitó y también me apresuré a rodearme de amigas que habían vivido algo similar.

La disciplina del ejercicio diario que he tenido por muchos años fue un refugio maravilloso. Busqué clases y actividades físicas en las que encontré nuevas amistades, desconectadas de lo que fue mi vida anterior. Digerir la frase «un día a la vez» fue un gran reto, pero con la ayuda profesional que recibí comprendí que no podía cambiar lo que pasó y eso que lo que sucedió fue terrible: una infidelidad consumada en mi propia casa, pero supe que sí podía controlar el rumbo que quería darle a mi vida.

Prioricé a mi hijo. Nunca he sido de redes sociales y el poco contacto que tenía lo eliminé por completo. Nunca había vivido sola y las semanas que mi hijo no estaba conmigo y se iba con su papá las aprovechaba para conocer sitios nuevos, para disfrutar de la soledad, que también puede ser maravillosa.

También aprendí a ser aún más agradecida, a tener más fe, a apreciar los momentos pequeños que traen felicidad en medio de un túnel tan oscuro. Hay que recordar que la luz entra a través de las rendijas.

El segundo aspecto fue descubrir poco a poco quién era el hombre con el que estuve casada por más de dos décadas. Cada etapa del proceso de divorcio traía nuevos desencantos. Creo que el enojo fue lo que más me duró. Afortunadamente, gracias a mi profesión y recursos económicos propios pude estar en igualdad de circunstancias en un proceso que normalmente es inequitativo para las mujeres. La cuestión de custodia de nuestro hijo siempre estuvo resuelta, así es que eso no fue problemático. Las mentiras y encubrimientos que descubrí fueron de dimensiones de un psicópata. Muy duro.

GABY: ¿Cuánto tiempo te ha tomado recuperarte?

KYA: No hay recetas y entendí que se vale estar triste y enojada el tiempo necesario para transitar el duelo. Hay muchas opiniones respecto a este punto, pero creo que es importante sanar y vivir en solitud para poder llegar a la aceptación que, ojo, no significa que lo acontecido no haya sido injusto. El enojo [rabia] fue la etapa del duelo que duró más en mi proceso. A mí me tomó dos años y medio para comenzar a ver las cosas sin enojo, para no reaccionar visceralmente ante cada descubrimiento en el proceso de divorcio y para tener cabeza fría para concentrarme en proteger mis intereses. Eso no quiere decir que en esos años no hubiera momentos de risa y alegría, porque sí los hubo. Soy una persona optimista, con metas, con agarre y mucha determinación. Y les comparto también que todo esto sucedió en paralelo con otros duelos muy fuertes. Pero la única constante es el cambio y les prometo que la tormenta pasa.

Gaby: ¿Cuándo cesaron tus dudas acerca de si debiste haberte quedado en esa relación o luchado más para conservarla?

Kya: Esas dudas se disiparon muy pronto porque entendí que la manera en cómo todo se precipitó, sin advertencias, era una señal muy clara de que no debía estar con este hombre. Tengo mucha dignidad y confianza en mí misma y jamás sugerí una reconciliación, supe que merecía más, mucho más.

Una lección muy importante que aprendí es que el matrimonio no debe ser lo único que nos define, especialmente a las mujeres. Siempre he tenido muchos intereses, metas y eso es algo que debemos de inculcarles a nuestros hijos.

Kya fue muy honesta en sus respuestas —en las cuales se nota el proceso terapéutico que ha llevado— y, como bien menciona, desgraciadamente a todo el dolor emocional de esta situación, en muchos casos hay que sumarle la violencia patrimonial, en la que parece que hay que sufrir para merecer un dinero que se generó mientras estaban juntos.

Algunas parejas que pasan por separaciones temporales, o periodos de prueba en los que parece que todo va a terminar, establecen cambios y vuelven a intentarlo. Para muchos, la separación temporal es una bocanada de aire fresco, pero el peligro está en querer vivir lo mejor de dos mundos: ser un soltero casado o una casada libre. Si no se extrañan igual o si no pueden tener todo lo que amaban de la pareja y evitarse las fricciones de convivencia que no supieron limar, la dinámica cambiará para siempre. Las separaciones temporales funcionan cuando, al seguir viéndonos en otro contexto, nos damos cuenta de que nos llevamos mejor. Entonces el problema no son las personas, sino cómo llevan la relación. Podrían establecer cambios y llegar a acuerdos, idealmente, auxiliados por un terapeuta de pareja. Lo que está en juego es el amor del otro, no mi vida. Si aún separados pelean por mensajes o redes sociales, todo está dicho.

Imagina que la pareja es una manifestación de la naturaleza. Tú aspiras a recuperar tu naturaleza y tienes una imagen de ti mismo y de esa persona en el futuro. Esa imagen no es real, tú no sabes cómo va a crecer la planta que has sembrado. Aunque la semilla sea buena, requiere de muchos elementos para crecer sana: aire (intelecto), agua (emociones), luz solar (sensualidad) y tierra (cuerpo). No proyectes en el futuro; mira tu presente.

«Es imposible saber cómo te vas a sentir después de un divorcio hasta que lo experimentas», dice Emily O. Gravett en su artículo en *The New York Times*, «The art of dividing up a marriage»: «Hay partes del divorcio que no puedes predecir», nos dice, es algo que tienes que vivir para entender, casi casi como la maternidad. Lo que ella plantea en su artículo es que si hubiéramos sabido lo difícil que es el divorcio, ¿no hubiéramos tratado con mayor empeño seguir casados? Son tan difíciles todas las primeras veces: Navidades, cumpleaños, aniversarios que pasan separados. Y si tienes hijos, lo complicado de perderte muchos momentos y tener que dividir el tiempo, sus dibujos, su presencia. Y comenta: «Te preguntas junto con otros amigos divorciados: ¿permanecer bajo el mismo techo ahogándote, pero juntos, hubiera sido mejor para nuestros hijos?».

Divorciarse es un trayecto en el que no controlas el clima. Vas a pasar por muchas emociones intensas y seguramente lágrimas que acompañarán los sentimientos de frustración, nostalgia y desencanto. La pareja es un estado de ser psicológico. Sabemos con quién nos casamos, o creemos saberlo, pero siempre nos sorprende de quién nos divorciamos. El altruista se vuelve interesado, la espiritual se convierte en materialista y la lucha por el poder y el tener puede ser feroz. Los hijos, tristemente, quedan atrapados en esa ecuación. Comienzas con la mejor actitud, como todo nuevo proyecto que se emprende, pero la frustración acaba mermándola.

Vienen las dudas. A veces te preguntas si el matrimonio no será como una maquinilla tragamonedas de casino en la que has estado invirtiendo mucho tiempo y dinero; te levantas, alguien ocupa tu lugar y le toca el premio. Lo gana todo. ¡Qué coraje! Pero ni modo que te quedes ahí con la esperanza del *jackpot* para toda la vida. Se te pueden pasar los años, la juventud, la energía y hasta la salud.

El divorcio no es un buen negocio, es una opción para buscar ser feliz y, como todo en esta vida, te pasa una factura. Todo sufrimiento, por otra parte, genera crecimiento. No se puede sanar al mundo, como intentan hacer algunos, sin antes sanarte a ti mismo. Las lecciones más importantes se hayan en los momentos de sufrimiento. La casualidad no existe. Las cosas que te han ocurrido tenían que haberte ocurrido. Tal vez tengas que dejar de vivir en la casa que tanto trabajo te costó adquirir, quizá pierdas muebles o artículos valiosos para ti. También puede ser que no veas despertar a tus hijos cada mañana y que hasta el perro pierdas en estas negociaciones. Será un periodo de mucha turbulencia, una montaña rusa de emociones a la cual en la mayoría de los casos no decidiste subir, pero ya estás ahí y, como todo, también pasará.

No se trata de convertirte en otra persona, nada más en un nuevo tú con todos los aprendizajes e insignias de batallas de guerra.

Si aprendiste, no perdiste.

Si te dejaron de querer, retírate con dignidad porque se vale.

No creo en las venganzas, pero si habláramos de una sana, la mejor venganza para quien te ha dejado es ser feliz.

No esperes a que las estrellas
estén alineadas. Estírate, arréglalas
como tú quieres que estén.
Crea tu propia constelación.

PHARRELL WILLIAMS

ANTES DE CONTINUAR

Si realmente consideras que estás en una relación que puede ser salvada con trabajo, dedicación y el compromiso de ambos, pasa a la siguiente página.

Por el contrario, si estás viviendo una separación o tienes la seguridad de que debes terminar una relación, por favor, continúa tu lectura en la página **201**.

¿Qué puedes hacer para salvar la relación?

A todas las parejas les entran crisis en las que quieren sentirse vivos. Esto es parte del conocimiento que vas adquiriendo en la vida, cuando te das cuenta de que no serás joven para siempre. De hecho, la juventud se va un poco cada día y la vida se vuelve un acercarte a la muerte. Lo que realmente se esconde atrás del miedo a la muerte es el no haber vivido, pero no las grandes aventuras que nos muestran en las películas de Hollywood, en las que nos venden una gran lista de cosas por hacer antes de partir, sino haber experimentado el amor. Vivir significa haber amado, esa es la importancia de la vida. Si se vive bien cada día, no hay de qué temer.

El amor incondicional sana de verdad; puedes servir, disfrutar de los placeres que el cuerpo nos permite darnos, pero también puedes vivir experiencias más profundas para las que el alma está hecha. No todo es glamur ni fuegos artificiales. A veces la verdadera felicidad es ver una película en familia, un domingo, comer juntos o encargar tacos porque nadie tiene ganas de cocinar ese día. Las cosas extraordinarias de un día ordinario, diría la madre Teresa de Calcuta, son lo que hacen la vida y te das cuenta de ello muy tarde.

Como tanatóloga tengo que decirte que hay tres experiencias inevitables en esta vida: el sufrimiento, la enfermedad y la muerte. Por ellas pasaremos todos alguna vez, hagamos lo que hagamos. Tal vez te cuidaste mucho y tuviste buena genética y no te enfermarás de cosas graves, pero vivirás la sensación de estar enfermo u hospitalizado alguna vez. Cuando te enfermas, cuando tienes que estar en cama y ser atendido por alguien, de verdad deseas que ese alguien no tenga cara de empleado molesto, quieres que lo haga con amor. No lo hará como tú quieres o necesitas, pero lo hará de la mejor manera que puede y eso es bastante.

Una cirugía, por leve que sea, implica no poder valerte por ti mismo. Si eso pasara hoy, ¿has pensado quién querrías que fuera la persona que te limpiara el trasero si no pudieras hacerlo por ti mismo? ¿A quién definitivamente no se lo pedirías jamás? Eso se llama intimidad y es la cercanía entre dos personas que pueden tratar al cuerpo del otro sin repulsión, con respeto y cariño, como quien regresa un pajarito al nido del cual cayó. Si con este ejercicio pensaste en tu pareja, te invito a que reflexiones en tu decisión de divorciarte. No es fácil encontrar ese nivel de compromiso, de atenciones y, créeme, los vas a necesitar algún día y también, si la vida te da la oportunidad, tú tendrás esa misma postura ante el padecimiento de alguien.

No quiero que te quedes porque te conviene. No te pediría que enfrentes un infierno para que esa persona te ayude a transitar otro infierno del futuro. Solo te pido que pienses si la presencia de esa persona en tu vida es una bendición y si tú la eres para él o ella. Tal vez valga la pena intentar algo más, nunca lo hemos intentado todo.

Si no lo intentas, no fracasarás, pero si lo intentas y fracasas, al menos sabrás que diste una última oportunidad a su historia y familia.

> Cierra los ojos y piensa que lo has decidido: te vas. ¿Cómo se siente? ¿Cuál es el *pero* que viene a tu mente?

> Ahora repite el ejercicio, pero piensa que has decidido quedarte. ¿Cómo te sientes? ¿Qué *pero* viene a tu mente?

Algunas cosas no las entiendes hasta muchos años después de que ocurren. En su momento crees que se trata del fin de tu relación, pero después ves en lo que se convirtió ese enorme bache y agradeces no haber sido impulsivo. Divorciarse es una decisión que no debe tomarse en caliente, con el coraje o la furia del momento; medítalo, analízalo y toma la mejor decisión para ti.

Quiero platicarte un último caso de un matrimonio que lleva más de 30 años juntos. Llegó a mí porque ambos estaban decididos a divorciarse. Ella aseguraba que ya no lo amaba, que se le había acabado el amor, y él estaba sumido en una profunda depresión, abandonándose y sin fuerza para luchar por su relación. Yo no doy terapia de pareja, la tanatología únicamente atiende pérdidas y, sin duda, dejar un matrimonio de tanto tiempo, con hijos, con una biografía compartida, lo era. La recibí solo a ella en sus 10 sesiones reglamentarias, a él lo mandé con un psiquiatra porque francamente la depresión que presentaba era preocupante. La dejé hablar, Gloria era una gran narradora de anécdotas, así que durante varias sesiones solamente habló ella, me contó su vida en pareja, cómo habían crecido en economía, estabilidad y ahorro.

Me platicó de sus hijos y de sus logros, parecía que me retrataba cuatro jóvenes encaminados, trabajadores y emocionalmente sanos. Los hijos iban a verse afectados si este matrimonio se separaba, pero su vida no iba a colapsar. Ellos no serían el pegamento, ni siquiera estaban buscando uno, solo estaban preparándose para hacer las cosas bien. Durante una sesión, su discurso cambió por completo.

Yo le había dejado de tarea que le anunciara a alguien que iba a divorciarse, a una amiga cercana de ser posible, para ver cómo se sentía al decirlo y hacer más tangible y real lo que hasta ahora solo había estado en su cabeza y en los oídos de Joaquín. Su amiga recibió la noticia con gran asombro, le preguntó si estaba segura y ella afirmó que sí, pero la verdad es que anunciarlo como un inminente acontecimiento la hizo dudar. Esa sesión habló sobre todas las virtudes que tenía Joaquín, quien debió de haber notado que ella estaba titubeante, porque esa misma semana le pidió una última oportunidad de «ponerse las pilas» y rectificar lo que —ahora comprendía— habían sido sus errores. No quiero relatarlo como un gran caso de éxito en mi historial, lo cuento como si yo hubiera sido testigo de la magia de la terapia: el arte de acomodar tus ideas y sentimientos a la hora de ponerlas en palabras para que alguien más los comprenda.

Gloria y Joaquín cumplieron 33 años de casados hace unos meses. Me enviaron una fotografía desde Bali, donde fueron a pasar su aniversario. Lo agradecí muchísimo, al igual que agradezco que mi profesión me permita tocar tantas vidas e inspirarme en ellas. La vida siempre se abre camino.

Recomendaciones para vivir tu duelo

El duelo por divorcio es generalmente un duelo anticipatorio. Comienzas a vivir el principio del fin un día que te das cuenta de que tu corazón ya no siente lo mismo y que tú y tu pareja están como operando en dos universos diferentes. Hay un universo seguro en el que están juntos y un universo inseguro donde van a separarse. No expresas tus emociones de manera verbal. Es un duelo doloroso y silencioso.

Vive tu duelo conscientemente, no desde el romanticismo de haber perdido a quien «era todo para ti». Nadie es todo para ti. Antes de querer guiar a otros en este proceso (me refiero a tus hijos, si los hay), descubre todo lo que puedas de ti mismo. Solo podemos acompañar a alguien en su camino tan lejos como nosotros hayamos llegado en el propio.

El dolor no excluye que puedas sentir alegría y gozo, date tus momentos. Nadie puede *duelar* 24 horas al día, siete días de la semana, 365 días del año. ¿Serás capaz de encontrar confort en lo inconfortable? ¿Podrás sacar de tu cabeza todas esas cosas crueles que vivieron y las palabras crudas que se dijeron? Yo creo que sí, y por eso estás leyendo este libro, porque tienes la voluntad de hacerlo.

Tienes que vencer tu apego, esa codependencia emocional que en menor o mayor grado casi todas las parejas tienen. Es normal sentir miedo de hacer las cosas solo, no sentirte seguro al tomar decisiones, miedo a quedarte sin alguien el resto de tu vida. Debes acomodar todas esas proyecciones románticas que la sociedad, la familia y tú mismo te has impuesto en tu cinema personal.

Las primeras reacciones que tuviste se generaron desde el miedo y el dolor, no te juzgues por ellas ni creas que todo tu camino será así. Esto que estás viviendo es solo una rebanada, no es el pastel completo de tu vida. Pasará, por favor, recuerda eso.

Todo es un proceso de vivir-morir-renacer. Somos vasijas contenedoras de vida, esta se manifestará de nuevo.

No tengas apego al proceso, mantente abierto al resultado. Se vive un duelo para llegar a un mejor sitio, para recuperar tu paz y tu alegría. La pérdida es la mala noticia, pero el duelo es la buena: hay algo por hacer.

Tal vez te recrimines por qué no tomaste la decisión antes. Antes, cuando eras más joven o no habías dejado pasar oportunidades laborales. No te lamentes. Las cosas pasan cuando tienen que pasar, ni antes ni después. Mejor piensa que la vida acomoda las cosas y que lo que viene, conviene, aunque de momento no puedas entenderlo. Elimina la idea de que no puedes estar completo sin tu expareja, eso no es verdad. Por otro lado, la mitad de los divorcios suceden por una infidelidad, si es tu caso, piensa que no perdiste a tu pareja ideal, perdiste a una pareja infiel. ¿La querrías así de vuelta?

Nuestro cerebro siempre quiere lo mejor para nosotros, no así la mente, que a veces nos juega trastadas. Si tu cerebro considera que recordar las cosas bonitas que viviste con esa persona te ayudará en tu proceso, las tendrás frescas en la mente. Si, por el contrario, considera que eso no sumará a tu recuperación, probablemente solo puedas recordar lo malo. Con el tiempo entenderás que no todo fue malo y no todo fue bueno. En las relaciones de pareja hay de todo.

Cuídate mucho de la rabia que puedes sentir y volver a sentir. Jamás te tomes un veneno esperando que le haga daño a otra persona. Si no tuvo el valor de decirte que no era feliz, si sientes que te usó en algún sentido, cambia tu brújula y dirígete al norte. Sí pasó, pero ya pasó.

En esta vida pasa lo que tiene que pasar por una razón que no siempre alcanzamos a ver, y no porque tengas mala suerte o no le caigas bien a Dios. Si quieres, puedes extraer significado y crecer con lo ocurrido, o no. Ambos escenarios son posibles. Lo que consideramos tragedias pueden ser en realidad oportunidades de crecimiento. Los desafíos a los que nos enfrentamos son pistas de lo que necesitamos cambiar en nuestra vida.

Elisabeth Kübler-Ross, de quien ya te he hablado, pionera también en el tema de cuidados paliativos, hablaba acerca de las pérdidas y su impacto en nuestra vida con una metáfora preciosa: «Si proteges los valles de las tormentas de viento, nunca verás la belleza de sus cañones».

Acepta lo que te ha pasado como algo triste y desafortunado y como algo que no puede ser cambiado. Eres quien eres también por haber perdido.

La negatividad alimenta la negatividad, así que sé asertivo. Saber ayuda, pero el conocimiento por sí solo no lo hará, debes involucrar el corazón y el alma. Por eso hay personas que estudian mil cursos y se inscriben en cuanto seminario les aparece, pero lo hacen buscando la varita mágica que les quite ese dolor. No se dan cuenta de que el dolor es precisamente la varita mágica.

Es de vital importancia tomar postura antc lo que te ha ocurrido y por ello te pido que repitas: «Esto no me va a destruir, me va a construir en una mejor persona».

La pregunta no es si debías de haberle dicho que su relación estaba muriendo, la pregunta es si tú estabas listo para escucharlo. Escucha para entender y no solo tus palabras, escucha tu dolor, pon atención al *shock* que sientes, a lo entumecido que estás. Una vez tomada esa decisión será como haber ajustado las velas de tu barco, aunque no puedas realmente cambiar el viento.

> Nuestros esfuerzos de salvar a alguien
> de su tristeza solo aumentan su angustia
> y hacen crecer el abismo entre nosotros.
> Lo único que logras al quererlos animar
> es que dejen de hablarte de su dolor.

MEGAN DIVINE

SUGERENCIAS PARA APOYAR A ALGUIEN QUE ESTÁ PASANDO POR UN DIVORCIO

Evita decir:

«Por lo menos ya no van a pelear». No estás seguro de ello, trata de borrar de tu vocabulario consolatorio toda frase que inicie con *por lo menos*.

«Mis padres también se divorciaron cuando yo era chica y mírame». No sabemos si seas buen ejemplo de un hijo que sobrevive o uno que se afectó demasiado. Mejor no hables de ti y no le quites el protagonismo al doliente.

«Sí es duro, pero recuerda las cosas buenas que tiene la vida». Suena a canción motivacional y parece que tratas de alumbrarle el dolor, en lugar de aceptar su estado de ánimo y acompañarlo en él.

«**Seguro estás enojadísimo**». No le digas cómo se debe sentir, la persona está tan vulnerable que todo comentario pudiera parecer inductivo.

«**Tienes que ser fuerte por tus hijos, ellos te necesitan**». ¡Eso ya lo sabe! No le pongas más peso encima del que ya tiene. Se vale expresar los sentimientos, así seas papá, mamá o abuelito.

Lo que sí ayuda es una escucha activa, puedes pedirle que te cuente más acerca de lo que está siendo esta experiencia para él. Déjalo estar en su dolor.

> Aceptar el final no es suficiente, debemos de enamorarnos de él.
>
> STEVEN JENKINGS

La vida estará de tu lado, fortaleciéndote a cada paso del camino. Ya lo verás.

Hoy pensé mucho en ti, de una manera
melancólica, de una manera musical y suave.

He olvidado la pasión y las lágrimas, ahora
ya no te siento mío y aunque a veces lo
intente; no puedo detener mi proceso de
olvido, de regresar a la vida.

Nuestra separación fue la muerte
creadora de sueños ahora realizables.
Te quiero, sí, pero también te olvido.

ANÓNIMO

LA VIDA DESPUÉS
DE LA MUERTE
DEL AMOR

Con el tiempo aprendes a convivir
con unos y a sobrevivir sin otros.

Anónimo

El tema de la muerte nos intriga a todos. Muerte se escribe con *m* de misterio. Incluso la muerte del amor.

Es común que al terminar una conferencia y comenzar la parte de preguntas y respuestas haya alguien que me cuestiona si hay vida después de la muerte. Puedo contestar lo que yo creo, pero si me preguntas si hay vida después de la muerte del amor, puedo contestar lo que yo sé.

Sí hay vida después de la muerte del amor. Lo he visto pasar en 25 años de ejercicio profesional. En este libro he tratado de decírtelo de muchas maneras, a lo largo de los capítulos, y en ello radica la esperanza. Contrario a lo que hemos escuchado y creído, no debemos huir ni escondernos del dolor. No viene a acabar con nosotros, es solo un buen maestro que imparte sus lecciones de manera muy ruda.

Probablemente el secreto de funcionar en pareja sea no interferir con el alma del otro. Si así como son, pueden vivir en armonía, aunque no sean iguales; si agradecen la vida del uno y del otro sin obtener beneficio de ella, sino simplemente por su existencia, ¡bingo! En ese terreno vale la pena construir un proyecto de vida conjunta, además del personal, que siempre debes tener. Pero si no es así, suelta y prosigue con tu vida. También he de advertir que no hay fórmula secreta que funcione infaliblemente. Hay parejas que contra todo pronóstico triunfan y otras que parecían tenerlo todo para ser un éxito y resultan no serlo. Existe un factor de suerte que no podemos negar. Y si no resultó, lo que procede es seguir adelante.

No quieras que todo vuelva a ser como antes, tu vida ha cambiado. Pero eso no quiere decir que no vas a ser feliz. La felicidad cambia de aspecto. Así como de pequeños la felicidad es estar con nuestros padres, jugar y esperar ilusionados la llegada de los Reyes Magos; al crecer, llegamos a un nuevo concepto de felicidad, tal vez menos fantasioso, pero igualmente satisfactorio.

Tal vez lo primero que tenías que hacer para estar mejor era terminar esa relación en la que estabas. La vida sigue. Eso es lo que ocurre. En su momento crees que no vas a poder, que ese dolor te va a matar, pero no es así.

La vida poco a poco vuelve a seducirte y a lanzarte sus redes para que quieras quedarte en ella.

Para el duelo no hay tiempos. Elisabeth Kübler-Ross se negaba a darle duración determinada a un proceso o a llamar patológico a lo que no evoluciona de manera típica. El duelo no usa reloj y no entiende de temporalidades, pero la alegría tampoco espera a nadie, así que andando. Quedarnos arrepentidos del pasado nos hace sentir que no podemos cambiar el futuro.

«El último minuto también tiene 60 segundos», frase que no pronunció ningún filósofo griego, lo dijo don Fernando Marcos, un comentarista deportivo durante la transmisión de un partido de futbol. Hasta en el último minuto pueden ocurrir grandes cosas que cambien el marcador final de un encuentro.

Tu relación se fue y no está, pero lo que te gusta hacer sigue siendo una posibilidad, la ausencia de alguien en tu vida genera un espacio y ahora deberás ocuparte en llenarlo.

Tienes libertad para que nadie te cele. Puedes escuchar sin tener que defenderte y entender que tal vez nadie te rompió, sino que tú ya estabas roto desde antes. La idea es seguir construyéndote, recorre este camino de vida como aula de aprendizaje. Incluso puedes alegrarte por la felicidad del otro, aunque no te incluya. Mandarles luz a las personas que han estado en tu vida es grandeza, mientras que quedarte maldiciendo es bajeza.

La sexóloga argentina Nilda Chiaraviglio dice que cuando sembramos necesidad, cosechamos miseria. Usa un ejemplo muy claro para explicarlo. Si tú necesitas 5 000 pesos y los pides prestados, pero alguien solo tiene 1 000 para darte y te los da, ¿los tomas? Ese es el problema, tú querías algo y te ofrecieron menos, pero lo necesitabas y lo tomaste. Así sucede a veces en las relaciones de pareja.

La mejor manera de cerrar una relación es agradeciendo. No se llevó nada, tal vez la dejaste de ver, pero lo vivido está dentro de ti.

Duele la ausencia, siempre, pero ahí es donde tienes que preguntarte qué es lo que extrañas: ¿a la persona que se fue de tu vida o a la que tú eras cuando estabas con ella? Si es el primer caso, adelante, extráñala. Es el precio que hay que pagar por haberla tenido y se paga con gusto si la relación se disfrutó y te hizo crecer.

Si no tienes esa satisfacción del deber cumplido o crees que pudiste haber actuado mejor en la relación, maneja una culpa sana que te lleve a modificar conductas para relaciones futuras, pero no te quedes enganchado a un *debí de* que no te devolverá lo perdido.

Si tu situación es la segunda, y te extrañas a ti mismo, te tengo excelentes noticias: estarás contigo hasta el último día de tu vida. Pero para comprenderte y caerte bien, primero debes creer en ti. Saber que puedes seguir adelante, ser independiente, buscar mejores recursos en todas las áreas de tu vida. Establece una red de apoyo, lazos significativos, nuevos motivos para vivir. Revisa cuáles son tus creencias: «Nadie quiere andar en serio con una divorciada», «Me voy a quedar solo para siempre», «Nunca encontraré a otra persona igual», «Lo mejor de mi vida ya pasó», «No voy a tener con qué solventar mis necesidades», etcétera. Salte de esas poderosas ataduras y descúbrete como una persona lista para cambiar hábitos y moverte de tu zona de confort. No dejes que el miedo boicotee todo lo que puedes lograr.

Agradece y suelta. Abre las manos para recibir lo que la vida tiene para darte, pero también para que tú puedas dar muchas cosas más. Será como cuando encuentras dinero en la bolsa de un saco que no usabas hace un tiempo; esa alegría siempre es mayor al valor de los billetes encontrados. No es el dinero, es la sorpresa lo que tu corazón agradece. Permítete seguir creyendo que cosas buenas van a ocurrir.

Confundir amor con amor romántico nos ha llevado a sentirnos desolados por no encontrar nuestra propia gran historia digna de aparecer en las grandes carteleras del cine. El amor es una decisión, no es algo que sucede y tú no puedes hacer nada al respecto. Tú decides, tú construyes.

El duelo se vive, se trabaja y se sigue adelante con la mirada en alto y las expectativas bajas. Conforme sueltes tu necesidad de control, experimentarás la verdad. No hay necesidad de entender y saber todo, solo lo esencial.

Ya entendimos que tener pareja es hermoso si se trata de una buena relación, sana, que les permite crecer a ambas personas. Una relación no es buena porque nos den algo que no tenemos, sino porque compartimos lo que sí tenemos. Pero antes de compartir eso, vuelvo a dejar claro, debemos aprender a quererlo. Sé una persona adulta en tu próxima relación, no un niño o una niña necesitada. Y si no llega una nueva relación con una persona, ten esa relación contigo mismo. Conviértete en un catalizador para que te pasen cosas buenas y reconcíliate con tus errores del pasado para poder seguir adelante y avanzar en tu vida. Sé la pareja que quieres que llegue a tu vida:

- Respétate
- Admírate
- Apóyate
- Escúchate
- Diviértete
- Ayúdate
- Ámate

Cuando aceptamos la muerte de ese amor, nos entregamos a la vida. Durante la misa de un funeral, el familiar más cercano da un pequeño discurso como elogio a la vida del fallecido. A esto se le conoce como eulogía o panegírico y el amor también merece uno.

Panegírico del amor

Gracias por haber estado en mi vida, me enseñaste mucho como el gran maestro que eres. Hoy sé más de mí, de las relaciones sanas y sobre las buenas decisiones.

Puede ser que el nombre de quien te personificó en mi vida ya no esté escrito hoy en las páginas del libro de mi historia, pero siempre será parte de él. Incluso podré hojearlo alguna vez y recordar con cariño.

No hablaré de versiones de personas que ya no existen; hoy son otros, hoy soy otro/a. Si me entristeció cuando terminó, debe de haber sido grandioso mientras duró. Me quedo con eso.

Pago el precio por haber amado. Si veo el panorama completo, la línea de mi historia, me doy cuenta de que un final no es tan triste si resulta el inicio de otra cosa hermosa.

Desearía haber disfrutado más tiempo lo que pasaba sin estar temiendo tanto que se terminara. Finalmente, acabó.

Todo muere, también tú, amor, pero tu presencia

hace la diferencia en todas las personas.

¿CÓMO AYUDAR A ALGUIEN QUE ESTÁ ATRAVESANDO POR UN DUELO POR LA MUERTE DEL AMOR?

> El duelo no obedece tus planes ni tus deseos. El duelo hará lo que quiera contigo, cuando quiera. En ese sentido, el duelo tiene mucho en común con el amor.
>
> ELIZABETH GILBERT

Para las pérdidas afectivas no hay contención social. Si tu pareja hubiera muerto habría un funeral y las personas te darían el pésame. Pero ¿qué se le dice a alguien que se divorció o separó?, ¿felicidades? En las tiendas de artículos para fiestas y eventos ya venden bandas para portar como Miss Universo que dicen «divorciado» junto con las de cumpleaños, aniversario o recién casada, al menos ya es un comienzo. Tenemos que aprender a reconocer estos sucesos como puntos de inflexión en la vida de alguien y validar que viva su duelo. Si el doliente quiere festejarlo, lo acompañas; si quiere llorarlo, lo escuchas llorar con respeto. No presionemos para que salgan de sus sentimientos, apoyemos para que los vivan.

Como parte de su red de apoyo, no puedes hablar mal de su expareja, porque aún hay sentimientos ahí y hablar de esa persona es un derecho exclusivo de quien estaba en la relación. Pisamos terreno muy escabroso cuando acompañamos a alguien en un duelo así. La situación cambia constantemente y no todo dolor es racional, así que los argumentos que uses podrían no aliviar los síntomas del cambio de hábitos y soledad que siente.

Social y familiarmente, los demás esperan un gran motivo para que termines una relación. Entienden, tal vez, una traición o una mentira, pero el desamor pareciera no ser razón suficiente para querer dejar un vínculo y te juzgan por ello. Es curioso cómo el amor es razón suficiente para unirte a alguien, pero el desamor no lo es para dejarlo. No nos sorprenderíamos de escuchar a una abuela tener este diálogo con su nieta:

—Pero ¿por qué lo vas a dejar, hijita?

—Porque ya no lo quiero, abue, ya no siento lo mismo por él.

—Esa no es razón para terminar un matrimonio, el chiste es seguir juntos, no estar felices todo el tiempo.

Y es que antes te educaban para la familia, para un bien mayor que era darle continuidad al vínculo, aunque incluyera tu sacrificio, que cargaras tu cruz por el marido que te había tocado. Hoy debemos entender que el amor es siempre el motivo para que elijamos estar con alguien, y el desamor también es razón suficiente para dejar a alguien.

Si quieres ayudar a alguien en duelo no hagas preguntas intrusivas, no quieras respuestas que alimenten tu curiosidad. Aprende a estar con el dolor de alguien sin querer quitárselo. Es su dolor, que necesita ser visto y reconocido, no curado.

Apoyar a alguien con su pérdida no es unitalla, no todos caben en el mismo grupo. Necesitas saber exactamente qué pierde esa persona con su pérdida y qué gana al perder. Dejamos algo cuando el dolor de cambiar es menor al dolor de quedarte y tiene que ser respetado como un duelo, no como una ganancia absoluta.

Probablemente nadie entienda al cien por ciento nuestra pérdida y no debemos esperar que así sea. Damos lo que podemos dar, lo que está en nosotros compartir. Ser amigo o familiar de un doliente no te convierte automáticamente en un consejero de duelo. Desde tu relación con esa persona, escúchalo, no lo juzgues y entiende que tu ayuda no depende del número de diplomas que tengas, sino de lo que te ha pasado en la vida y de cómo lo has capitalizado a tu favor. Desde ahí, desde nuestra experiencia y empatía podemos agregar valor a la situación que nuestro ser querido vive. No minimices su dolor, maximiza a la persona.

Recordemos:

- La pérdida no es un evento, es un proceso.
- No sales del dolor como se sale de una gripa.
- Ser amigo significa poder seguir con alguien en las fases duras de su vida.
- Dales valor y espacio a las pérdidas secundarias que se generan de haber terminado una relación.

- Estar en duelo no es su identidad completa.
- El doliente puede pasar de la risa al llanto. A veces son las carcajadas las que abren el camino.
- La pena y el dolor se encarnan en el cuerpo. Ayuda a su cuerpo a soltar el dolor haciendo ejercicio, caminando, asistiendo a un quiropráctico, masajes o simplemente con un descanso reparador.
- No solo busques distraer a la persona, hay que sentir para salir.
- El duelo se parece más a un plato de espagueti que a un mapa claro.
- Todo duelo es complicado.
- Duelo no es enfermedad, *duelamos* porque amamos.
- La inercia es el enemigo del duelo.
- Pregúntale: ¿cómo te puedo ayudar?

Todos podemos ser señales para los demás,
espero haber sido una para ti con estas páginas.
Los libros son la mejor parte de nosotros,
te he dado la mía en este ejemplar.

GABY PÉREZ ISLAS

VIOLENTÓMETRO

Cada caso es único y los acuerdos entre familias o parejas dependen de sus miembros, pero a veces lo que nos parece normal no necesariamente es sano, la violencia tiene muchas caras y capas. Es importante que revisemos siempre cómo nos hace sentir una situación o un trato en particular. La siguiente es una herramienta de aproximación creada por el Instituto Politécnico Nacional, a partir de un estudio que consistió en entrevistar a personas jóvenes para conocer sus dinámicas dentro de una relación de pareja.

Es importante usar esta información incluso si nuestros vínculos no presentan ninguna situación del listado, así podremos evitar violencia en el futuro y estar atentas y atentos a posibles casos de violencia doméstica. Si conoces a alguien que pudiera estar en una situación así, no juzgues, no señales; escucha. Abre la conversación y permite que cada quien busque la ayuda que necesite.

Aunque este libro habla de relaciones de pareja, la violencia puede existir en cualquier vínculo afectivo: papás, mamás, hijos, amistades, *roomies*, compañeros de estudio o trabajo. Cuando alguien te haga sentir mal, pon atención y evalúa.

Por último, si tu integridad, tu vida o la de alguien que conoces está en riesgo, busca ayuda profesional de inmediato. No esperes a que la situación escale. Aunque hay distintos grados de violencia, esta siempre tiende a aumentar. Es mejor tener una plática incómoda ahora mismo que una situación fuera de control más adelante. Cuídate y cuida a quienes amas.

Fuente del violentómetro: www.gob.mx/inmujeres/articulos/violentometro-si-hay-violencia-en-la-pareja-no-hay-amor-234888?idiom=es.

¡Ten cuidado!
La violencia aumentará.

¡Reacciona!
No te dejes destruir.

¡Necesitas ayuda profesional!

0. ____ Bromas hirientes
1. ____ Chantajear
2. ____ Mentir, engañar
3. ____ Ignorar, ley del hielo
4. ____ Celar
5. ____ Culpabilizar
6. ____ Descalificar
7. ____ Ridiculizar, ofender
8. ____ Humillar en público
9. ____ Intimidar, amenazar
10. ____ Controlar, prohibir
11. ____ (amistades, familiares,
12. ____ dinero, lugares, apariencia,
13. ____ actividades, celular, e-mails y
14. ____ redes sociales)
15. ____ Destruir artículos personales
16. ____ Manosear
17. ____ Caricias agresivas
18. ____ Golpear «jugando»
19. ____ Pellizcar, arañar
20. ____ Empujar, jalonear
21. ____ Cachetear
22. ____ Patear
23. ____ Encerrar, aislar
24. ____ Amenazar con objetos o armas
25. ____ Amenazar de muerte
26. ____ Forzar una relación sexual
27. ____ Abuso sexual
28. ____ Violar
29. ____ Mutilar
30. ____ **Asesinar**

EXCLUSIVAMENTE PARA TI

Querido lector:

Como muestra de agradecimiento por tu confianza, tengo un video especial para ti que nos ayudará a sentirnos mucho más cercanos. Con este QR tendrás acceso exclusivo a ese contenido, por favor, no lo compartas. Será nuestra manera de celebrar esta nueva publicación. Que lo disfrutes y haga aún más entrañable este libro para ti.

AGRADECIMIENTOS

Gracias, doctora Elisabeth Kübler-Ross, por tu trabajo, tus enseñanzas acerca del amor incondicional y por haberme dado un ejemplo de inspiración y vocación. Eres la persona que quiero conocer en el cielo.

Quiero agradecer también a mi esposo y a mis hijos por su lectura previa a la publicación de este libro, sus sugerencias y comentarios me fueron muy útiles. Luis Alberto, tienes un ojo clínico para darle la estructura a un libro para que no parezca parido en el caos de la emoción, sino en lo ordenado del cerebro. Bernardo, solo a mí se me ocurre cambiar de computadora para escribir un libro nuevo, gracias por toda tu ayuda en la parte técnica de este proceso, además de todas tus interesantes ideas que aquí verás plasmadas. Eduardo, leíste y escribiste para darme tu punto de vista; fuiste además quien amplió mis gustos musicales para elegir la *playlist* correcta: gracias.

Gracias a mis usuarios que compartieron sus historias, frases, artículos, citas y recomendaciones de películas. Sin ustedes, nada.

Mario, mi editor de cabecera, ahora sí te hice padecer y releer mil veces. El tema lo merecía y agradezco cada palabra tuya y la sutileza de Pierre para los ajustes finales. Formamos un gran equipo.

Carlos, Karina y Gabriel, mis grandes aliados y cómplices en Grupo Planeta. Gracias por todo su apoyo, detalles, palabras y confianza. Me siento en familia publicando con ustedes.

Y gracias a la vida que me dio el tiempo dentro de una apretada agenda, que me dio la salud suficiente para pasar horas frente a la computadora, que me da el ánimo para seguir sembrando esperanza donde hay oscuridad.

Llego así, feliz y agradecida, a mi séptimo libro. Mi número favorito.

Paz y bien,

GABY PÉREZ ISLAS